RESTAURANT LEA LINSTER
ROUTE DE LUXEMBOURG 17
L-5752 FRISANGE
TEL: 00352 23 668411

LËTZEBUERGER KASCHTHAUS
ROUTE DE BETTEMBOURG 4
L-3333 HELLANGE
TEL: 00352 51 65 73

WWW.LEALINSTER.LU

Best of LEA LINSTER

CUISINIÈRE

Herausgegeben von Lea Linster

Fotos von Susie Knoll
Food - Fotos von Guy Hoffmann
Texte von Simone van de Voort

Mit einem Vorwort von Paul Bocuse

Mein herzlichster Dank geht an Paul Bocuse, Fredy Girardet, Pierre Troisgros und Joël Robuchon für alles, was sie mir nach und nach beigebracht haben. An meinen Vater für das Talent und an meine Mutter für die Ausdauer. An Barbara Fischer Fürwentsches und Ernst-Dieter Wiesner für die Hilfe bei allen finanziellen Angelegenheiten. An meine Freundinnen Beatrice Cointreau, Michèle Schumacher, Christine Ferber, Burgunde Uhlig, Susanne Mersmann, Jil Mercedes, Huguette Rischard, Renate Scherra, Dietlind Davis, Doris Montornes und Nathalie Maillet für ihre Liebe und Unterstützung. An meine Leibärztin Anna-Louise Rinneberg. An Alfred Biolek, der mir die Angst vor den Medien genommen hat. An Claude Peiffer von Villeroy & Boch. An das Münchner Team Susie Knoll, ihren Mann und Paul Zentner für die grafische Gestaltung. An Simone van de Voort für die Realisierung des gesamten Buchprojektes. An meine Mannschaft und natürlich und vor allem an meinen Sohn Louis und an meinen Sam für ihre Begeisterung und unendliche Geduld.

INHALT

VORWORT

Lea Linster ist eine außergewöhnliche und schlagfertige Persönlichkeit. Seit ihrer Kindheit ist sie es gewohnt, sich in diesem von Männern dominierten Beruf durchzusetzen. Obwohl sie von Kindesbeinen an eine begeisterte Köchin ist, schlug sie erst einmal einen anderen Lebensweg ein. Aber durch den frühen Tod ihres Vaters brach sie ihr Jurastudium ab, um in die Fußstapfen ihrer Eltern und Großeltern zu treten und die elterliche Gaststätte zu übernehmen. Diese war zu diesem Zeitpunkt noch nicht das Gourmet - Restaurant, das wir heute kennen. Es handelte sich wohl eher um eine Variante der in den 60er Jahren in Frankreich berühmten „Drugstores“: ein Café - Restaurant mit Tankstelle und Tabakwaren, in dem man einfache Gerichte essen und sich von der Fahrt erholen konnte. Außerdem gab es noch ein paar Zimmer und eine Kegelbahn.

Der Weg den sie nun einschlug, war für eine Frau nicht einfach. Sie musste hart kämpfen, um sich einen Namen zu machen. Um ihre Küche zu perfektionieren, schaute sie berühmten Kollegen wie Fredy Girardet in Crissier über die Schulter. In dieser Zeit machte sie auch als erste Frau in Luxemburg ihren Küchenmeister. 1989 schrieb sie sich für den zweiten „Bocuse d’Or“ Wettbewerb ein und gewann ihn mit ihrem berühmten „Lammrücken in der Kartoffelkruste“.

Von da an ging der Name Lea Linster um die Welt und nichts konnte mehr die zum Gewinnen geborene Kämpferin aufhalten. Unterstützt durch ihre Mannschaft, schaffte sie es in wenigen Jahren, die luxemburgische Küche weltweit bekannt zu machen. Unter den bewundernden Blicken ihres Sohnes Louis wirbelt sie weiter durchs Leben, nichts dem Zufall überlassend. So schafft es unsere Lea nicht nur eine perfekte Gastgeberin zu sein, sondern uns auch noch ein zweites Buch mit den für sie so typischen, einfachen aber dennoch raffinierten Rezepten zu schenken.

Wetten, dass auch dieses Werk ein voller Erfolg wird! Nicht umsonst hat sie die für ihre schönen und hochwertigen Bücher bekannte „saint - paul“ - Druckerei für ihr neues Buch ausgesucht. Ich bin mir sicher, dass „Best of Lea Linster“ weiter zu Leas Ruhm beitragen wird. Ich wünsche ihr das von Herzen, denn sie hat es wirklich verdient. Und wie es Lea immer so schön sagt:

„Cuisine de femme ou cuisine d’homme, il n’y en a qu’une seule, c’est la bonne!“

„Frauenküche oder Männerküche, es gibt nur die eine und das ist die Gute!“

Paul Bocuse

LIEBE LESERIN, LIEBER LESER,

die Idee für dieses Buch entstand, als ich gefragt wurde, ob ich ein Gericht wieder kochen könnte, das vor Jahren auf meiner Karte stand und das ich seither nicht mehr gekocht hatte. Zu meinem Entsetzen musste ich feststellen, dass ich gar nicht mehr wusste wie das Gericht zubereitet wurde und noch dazu hatte ich das Rezept nicht einmal aufgeschrieben! Damit war klar für mich: Es ist an der Zeit, endlich ein Buch mit meinen erfolgreichsten Rezepten zu schreiben. Nicht nur für Sie, nein auch für mich, damit auch ich darin nachschlagen kann, wenn mir mal wieder ein Rezept entfallen ist.

In diesem Buch habe ich die besten Rezepte aus meinen beiden Restaurants zusammengetragen. Die Rezepte sind so originalgetreu wie möglich aufgeschrieben worden. Mir ist natürlich klar, dass einige auf den ersten Blick zu kompliziert oder zu lang wirken können. Hierzu mein Vorschlag: Holen Sie sich doch nur „das Beste" aus meinen Rezepten! Irgendwie muss jeder mal anfangen. Auch ich habe ganz traditionell mit Nudel - Kaffee - Kochen meine Laufbahn als Köchin begonnen. Nach den Nudeln kamen die Tütensuppen. Und die habe ich dann angefangen etwas zu verbessern. Das ging so weit, dass ich bald die Tüten ganz weggelassen und die Suppe von Anfang an nach meinem Geschmack gekocht habe.

Haben Sie keine Angst vor neuen Rezepten! Fangen Sie langsam mit einfachen Gerichten an, tasten Sie sich dann vor, bis Sie sich mit einem Arbeitsschritt vertraut fühlen und steigern Sie langsam das „Risiko". Wenn Sie beispielsweise das Braten eines Steaks gut beherrschen, können Sie den Schwierigkeitsgrad steigern, indem Sie eine neue Sauce oder auch eine aufwendigere Beilage hinzufügen.
Auch gibt es Gerichte, die sehr leicht zu lernen sind, allen schmecken und ein ganzes Menü retten können. Ich denke da zum Beispiel an meine Crème brûlée. Damit können Sie nur gewinnen!

Wichtig ist allerdings, dass Sie nur mit frischen und sehr guten Zutaten arbeiten, denn das ist die Grundlage meiner Küche. Die besten Produkte erkennen Sie daran, dass ihr Geschmack klar, fruchtig, ehrlich und unverfälscht ist. Wenn Sie mit solchen Lebensmitteln arbeiten, brauchen Sie keine Tricks. Eine gute Hauptzutat kann nämlich durch sich selbst bestehen, die Sauce und das Gemüse sollen sie nur unterstreichen. Und denken Sie immer daran, die anderen kochen auch nur mit Wasser!

Zu guter Letzt möchte ich Ihnen noch eines nahe legen: Vergessen Sie nicht die Freude und die Liebe bei der Arbeit. Denn wenn Sie für jemanden kochen, den Sie lieben und lieben, was Sie kochen, dann kann eigentlich nichts mehr schief gehen!

Ich wünsche ihnen genauso viel Freude an diesem Buch, wie ich sie bei der Entstehung und Fertigstellung von „Best of Lea Linster" hatte.

Herzlichst Ihre

Lea Linster

MEINE BRÖTCHEN
MES PETITS PAINS

Für 40 - 50 Brötchen
Ruhezeit:
1 Nacht, am nächsten Tag 3 Stunden

Vorteig:
5 g frische Hefe
250 g Mehl (Type 550), gesiebt

Teig:
750 g Mehl (Type 550), gesiebt
10 g frische Hefe
18 g feines Meersalz
(1 geh. EL)
Mehl zum Bestäuben

Tipp:
Die Brötchen lassen sich sehr gut einfrieren, dafür die Backzeit um 5 Minuten reduzieren, die Brötchen abkühlen lassen, einfrieren und nach Bedarf im vorgeheizten Ofen bei 250°C in 8 - 10 Minuten goldbraun backen.

Vorteig:
Hefe in eine Schüssel zerbröckeln, 300 ml kaltes Wasser dazugeben und die Hefe darin auflösen. Das Mehl hinzufügen und die Mischung glatt rühren. Den Vorteig mit Frischhaltefolie abdecken und bei Zimmertemperatur (20°C), mind. 8 Stunden, am besten 24 Stunden gehen lassen.

Teig:
Mehl in eine Küchenmaschinenschüssel geben, zerbröckelte Hefe, Vorteig und 300 ml lauwarmes Wasser hinzufügen und in der Küchenmaschine mit Knethaken in 10 - 12 Minuten zu einem glatten, festen Teig kneten. Salz hinzufügen und weitere 2 Minuten weiterkneten, bis der Teig seidig glänzt, elastisch ist und sich vom Schüsselboden löst.

Den Teig auf die Arbeitsfläche geben, zu einer großen Kugel formen, mit etwas Mehl bestäuben, mit einem feuchten Küchentuch abdecken und bei Zimmertemperatur 2 Stunden gehen lassen.

Für die Brötchen den Teig vierteln, zu vier dünneren Stangen von 4 cm Durchmesser rollen und mit einem Teigschaber kleine Stücke von ca. 35 - 40 g abtrennen. Diese jeweils rasch, ohne den Teig zu sehr zu bearbeiten, zu länglichen, an den Enden hin spitz zulaufenden Brötchen formen. Mit etwas Abstand nebeneinander auf mit Backpapier ausgelegte Backbleche setzen, mit feuchten Küchentüchern abdecken und nochmals eine knappe Stunde bei Zimmertemperatur, zuggeschützt gehen lassen, bis sie ihr Volumen verdoppelt haben.

Backofen auf 250°C vorheizen. Die Brötchenoberfläche kurz vorm Backen mit etwas Mehl bestäuben und mit einem scharfen Messer oder besser einer Rasierklinge der Länge nach leicht einschneiden. Eine feuerfeste flache Form mit heißem Wasser auf den Boden des vorgeheizten Ofens stellen, jeweils ein Backblech einschieben und die Brötchen in 20 - 25 Minuten goldbraun und knusprig backen. Auf Kuchengittern abkühlen lassen und am besten noch lauwarm mit guter Butter servieren.

SUPPEN UND EINTÖPFE

SOUPES ET POTAGES

KALTE KARTOFFEL - LAUCH - SUPPE

VICHYSSOISE

Für 6 - 8 Personen

Suppe:
2 Stangen Lauch
(nur der weiße Teil), ca. 350 g
2 mittelgroße Kartoffeln, ca. 400 g
30 g Butter
1 3/4 l Geflügelbrühe oder
-fond (S. 172)
feines Meersalz
200 g Sahne
100 g Crème fraîche

Einlage:
1 Stange Lauch
(nur der weiße und hellgrüne Teil)
feines Meersalz
2 EL Schnittlauchstifte oder fein
geschnittene Schnittlauchröllchen

Suppe:
Lauch putzen, längs halbieren, gründlich waschen, trockenschütteln und in dünne Scheiben schneiden. Kartoffeln schälen, waschen, halbieren und klein würfeln. Butter in einem Suppentopf zum Schmelzen bringen, Lauch hinzufügen und bei milder Hitze einige Minuten anschwitzen. Kartoffeln dazugeben, mit der Geflügelbrühe aufgießen, leicht salzen, zum Kochen bringen und bei milder Hitze gute 25 Minuten sanft köcheln lassen, bis die Kartoffeln weich sind.

Die Suppe mit einem Stabmixer pürieren, Sahne und Crème fraîche hinzufügen, schaumig aufschlagen und einmal aufkochen lassen. Durch ein Sieb passieren, dabei gut durchdrücken, abkühlen lassen und für 2 - 3 Stunden in den Kühlschrank stellen.

Einlage:
Lauchstange putzen, längs halbieren, gründlich waschen, trockenschütteln, in 1 - 2 cm große Rauten schneiden und in kochendem Salzwasser bissfest blanchieren. In eiskaltem Wasser abschrecken, abtropfen lassen und zwischen zwei Lagen Küchenpapier trocknen.

Vorm Servieren die Suppe mit Salz abschmecken, evtl. noch mit etwas Sahne oder Milch verdünnen, schaumig aufschlagen, in gekühlte Suppentassen füllen und zum Schluss mit einigen Lauchrauten und Schnittlauchstiften oder -röllchen bestreuen.

Tipp:
Die Suppe wird traditionell kalt serviert, schmeckt aber natürlich auch heiß.

GEEISTE TOMATENSUPPE MIT ZIEGENFRISCHKÄSE UND MINZE

SOUPE DE TOMATES GLACÉE AU CHÈVRE FRAIS ET À LA MENTHE

Für 4 Personen

Suppe:
1 kg reife Tomaten
(am besten Eiertomaten)
1 TL Zucker
feines Meersalz
6 - 8 EL milder Essig
(Melfor oder Apfelessig)
1 Prise Cayennepfeffer

Zum Anrichten:
150 g milder Ziegenfrischkäse
2 EL Pfefferminzblätter,
längs in hauchdünne Streifen
geschnitten
grob gemahlener schwarzer Pfeffer
extra natives Olivenöl

Suppe:

Tomaten waschen, Stielansätze herausschneiden und in grobe Stücke schneiden. Tomatenstücke in einem Mixer pürieren und anschließend kräftig durch ein feines Sieb passieren, so dass möglichst viel Fruchtfleisch durchgedrückt wird. Mit Zucker, Salz, Essig und Cayennepfeffer würzen und für mindestens 1 - 2 Stunden im Kühlschrank durchziehen lassen.

Zum Anrichten:

Die Suppe vorm Servieren nochmals mit Salz, Zucker und Essig abschmecken, durchmixen und in gekühlte Tassen oder Suppenschälchen füllen. Mit Ziegenfrischkäse, Pfefferminzstreifen und grob gemahlenem Pfeffer garnieren und zum Schluss mit etwas Olivenöl beträufeln.

CREMIGE SELLERIESUPPE
CRÈME DE CÉLERI - RAVE

Für 4 Personen

Suppe:
1 kleine Sellerieknolle oder
1/2 große Knolle
(ca. 600 g)
2 - 3 EL Olivenöl
1/2 l Geflügelbrühe oder
-fond (S. 172)
250 g Sahne
250 ml Milch
feines Meersalz
Pfeffer aus der Mühle
ein paar Tropfen Zitronensaft

Einlage:
2 Stangen Staudensellerie
feines Meersalz

Zum Anrichten:
2 EL geschlagene Sahne
Petersilienöl (S. 169)
zum Beträufeln,
ersatzweise extra natives Olivenöl
ein paar Staudenselleriebätter

Suppe:
Sellerie schälen, waschen, in kleine Würfel schneiden und in einem Topf bei milder Hitze im Olivenöl 3 - 4 Minuten anschwitzen. Mit Geflügelbrühe aufgießen und gute 15 - 20 Minuten köcheln lassen, bis der Sellerie ganz weich ist. Sahne und Milch dazugeben, einmal aufkochen lassen, mit einem Stabmixer fein pürieren und durch ein Sieb passieren. Mit Salz, Pfeffer und etwas Zitronensaft abschmecken.

Einlage:
Staudensellerie putzen, evtl. schälen, erst waagrecht in dünne Scheiben und anschließend in möglichst feine Würfel schneiden. Die Würfel in kochendem Salzwasser kurz bissfest blanchieren, in eiskaltem Wasser abschrecken, gut abtropfen lassen und mit Küchenpapier trockentupfen.

Zum Anrichten:
Selleriewürfel in 4 vorgewärmte Suppenteller aufteilen. Die Suppe erhitzen, nochmals abschmecken, geschlagene Sahne dazugeben, mit einem Stabmixer schaumig aufschlagen und in die Teller gießen. Zum Schluss die Suppe mit etwas Petersilienöl oder Olivenöl beträufeln und mit ein paar Staudensellerieblättern garnieren.

KÜRBISCREMESUPPE MIT KLEINEN BUTTERCROÛTONS

CRÈME AU POTIRON, PETITS CROÛTONS AU BEURRE

Für 4 Personen

Croûtons:
2 Scheiben gutes Toastbrot
30 - 40 g geklärte Butter (S. 169)

Suppe:
350 g Kürbisfleisch (Muskatkürbis)
1 kleine Zwiebel
40 g Butter
3/4 l Geflügelbrühe oder -fond (S. 172)
250 g Sahne
feines Meersalz
1 Prise gemahlener Zimt
Pfeffer aus der Mühle

Zum Anrichten:
4 EL geschlagene Sahne

Croûtons:
Backofen auf 150 ° C vorheizen.

Das Toastbrot entrinden, mit einem scharfen Messer die Scheiben waagrecht mindestens einmal, besser zweimal durchschneiden, in 0,5 cm dünne Streifen und dann in möglichst kleine Würfel schneiden (geht etwas einfacher, wenn die Toastbrotscheiben leicht angefroren sind).

Geklärte Butter in einer Pfanne bei mittlerer Temperatur erwärmen, Brotwürfel zugeben, mit der Butter mischen und auf ein mit Backpapier ausgelegtes Backblech verteilen. Croûtons im vorgeheizten Backofen in 15 Minuten goldbraun backen. Auf Küchenpapier abtropfen lassen.

Suppe:
Kürbisfleisch in 2 - 3 cm grobe Würfel schneiden. Zwiebel schälen, halbieren, klein würfeln und in einem großen Topf bei milder Hitze in der Butter glasig anschwitzen. Kürbiswürfel dazugeben, leicht salzen, mit 200 ml Geflügelfond aufgießen und bedeckt in 15 - 20 Minuten weich dünsten. Sahne hinzufügen, weitere 10 Minuten sanft köcheln lassen und anschließend das Ganze mit einem Stabmixer glatt pürieren. Restlichen Geflügelfond separat erwärmen und nach und nach so viel Fond zum Kürbispüree dazugeben, bis die Suppe die gewünschte Konsistenz erreicht hat. Nochmals mixen, durch ein feines Sieb passieren und mit Salz, Pfeffer und Zimt abschmecken.

Zum Anrichten:
Die Suppe erhitzen, in vorgewärmte Suppenteller aufteilen, mit jeweils einem EL geschlagener Sahne und reichlich Croûtons garnieren und servieren.

GEBUNDENE ZWIEBELSUPPE MIT RIESLING

VELOUTÉ D'OIGNONS AU RIESLING

Für 4 Personen

Suppe:
4 mittelgroße, weiße Zwiebeln
60 g Butter
40 g Weizengrieß
1/4 l Riesling
ca. 3/4 l Geflügelbrühe oder -fond (S. 172)
150 g Sahne
2 Eigelb
80 g frisch geriebener Parmesankäse
feines Meersalz
Pfeffer aus der Mühle
1 Prise frisch geriebene Muskatnuss

Einlage:
4 dünne Scheiben Baguette
30 g geriebener, würziger Hartkäse
2 EL fein geschnittene Schnittlauchröllchen

Suppe:
Zwiebeln schälen, je nach Größe vierteln oder sechsteln, in möglichst feine Scheiben schneiden und in einem großen Topf bei milder Hitze in der Butter langsam glasig anschwitzen. Grieß dazugeben, gut untermischen, mit Riesling ablöschen und mit der Geflügelbrühe aufgießen. Das Ganze gute 20 - 25 Minuten sanft köcheln lassen, bis die Zwiebeln ganz weich sind.

Sahne, Eigelb und Parmesan miteinander vermischen. Suppe vom Herd nehmen, Sahnemischung unterrühren, so dass die Suppe leicht gebunden wird, ggf. nochmals sanft erhitzen, aber nicht kochen lassen. Mit Salz, Pfeffer und Muskatnuss abschmecken.

Einlage:
Die Grillfunktion des Backofens vorheizen.

Baguettescheiben von beiden Seiten unter dem heißen Grill hellbraun toasten. Getoastete Scheiben nebeneinander auf ein mit Backpapier ausgelegtes Blech legen, eine Seite mit reichlich Käse bestreuen und unter dem Grill goldbraun gratinieren.

Suppe in 4 vorgewärmte Suppenteller aufteilen, mit reichlich Schnittlauch bestreuen und mit jeweils einer gratinierten Baguettescheibe garnieren und servieren.

RINDERCONSOMMÉ MIT STEINPILZEN

CONSOMMÉ DE BŒUF AUX CÈPES

Für 6 - 8 Personen

Consommé:

400 g Rindfleisch aus der Wade
1 kleine Zwiebel
1 Karotte
1 Stange Staudensellerie
feines Meersalz
1 Eiweiß
ein paar Eiswürfel
1,5 l entfettete, kalte Rinderbrühe
(gekochtes Rindfleisch, S. 108)
2 Tomaten
1 Lorbeerblatt
5 schwarze Pfefferkörner
1 Zweig frischer Thymian
ein paar Petersilienstängel
feines Passiertuch (Mulltuch)
trockener Sherry
zum Abschmecken

Einlage:

4 - 5 schöne, mittelgroße Steinpilze

Consommé:

Rindfleisch in längliche Stücke schneiden. Zwiebel, Karotten und Sellerie schälen und mit dem Fleisch durch die grobe Scheibe des Fleischwolfes drehen.

Die Fleisch - Gemüsemischung leicht salzen und mit dem Eiweiß und ein paar Eiswürfeln vermischen. Den Kläransatz in einen großen Topf geben und mit der kalten Rinderbrühe aufgießen. Tomaten waschen, entstrunken, klein schneiden und dazugeben. Alles gut miteinander vermengen. Lorbeerblatt, Pfeffer, Thymian und Petersilienstängel hinzufügen und das Ganze bei milder Temperatur langsam bis kurz unter den Siedepunkt erhitzen. Dabei gelegentlich umrühren, damit der Kläransatz nicht am Topfboden ansetzt. Sobald die Brühe heiß ist nicht mehr umrühren, da sonst das Consommé trüb wird.

Die Brühe bei milder Hitze eine gute Stunde ziehen lassen, bis die Flüssigkeit ganz klar ist und der Kläransatz anfängt sich abzusetzen.

Nach Garzeitende vorsichtig das Consommé mit einem Schöpflöffel durch ein mit einem Passiertuch ausgelegtes feines Sieb abschöpfen. Mit Salz und etwas Sherry herzhaft abschmecken.

Einlage:

Steinpilze putzen, ggf. Schwamm entfernen, halbieren und in hauchdünne Scheiben schneiden. Etwas Consommé in einem kleinen Topf erhitzen und die Steinpilzscheiben darin kurz pochieren. Abgießen und abtropfen lassen.

Zum Anrichten:

6 - 8 Kaffeetassen oder kleine Suppenschälchen vorwärmen. Consommé erhitzen, in die Tassen oder Schälchen aufteilen, mit ein paar Steinpilzscheiben garnieren und servieren.

WEISSE BOHNENSUPPE MIT SCHWARZEN TRÜFFELN

CRÈME AUX COCOS BLANCS ET AUX TRUFFES

Für 4 - 6 Personen

Suppe:
200 g weiße getrocknete Bohnen (Cannellini)
ca. 1,2 l Geflügelbrühe oder -fond (S. 172)
200 g Sahne
200 ml Milch
feines Meersalz
Pfeffer aus der Mühle

Zum Anrichten:
4 EL geschlagene Sahne
1 kleine schwarze Trüffel, geputzt

Suppe:
Weiße Bohnen mehrmals kalt abwaschen, abtropfen lassen, in einen großen Topf geben und mit 1 l Geflügelfond aufgießen. Die Bohnen bei milder Hitze 1 - 1 1/2 Stunden köcheln lassen, bis sie ganz weich sind. Mit einem Stabmixer glatt pürieren, durch ein Sieb passieren, Sahne und Milch dazugeben, durchmixen und unter Rühren einmal aufkochen lassen. Die Suppe evtl. noch mit etwas Fond verdünnen und mit Salz und Pfeffer abschmecken.

Zum Anrichten:
Die Suppe erhitzen, geschlagene Sahne dazugeben, mit einem Stabmixer schaumig aufschlagen und in vorgewärmte Suppenteller aufteilen. Trüffel mit Hilfe eines Trüffelhobels in hauchdünne Scheiben hobeln und über die Suppe verteilen.

Tipp:
Dazu passen sehr gut meine Brötchen von S. 15.

„BOUNESCHLUPP" - LUXEMBURGER BOHNENEINTOPF

POTAGE LUXEMBOURGEOIS AUX HARICOTS VERTS

Für 8 Personen

Eintopf:

1 kg grüne Bohnen, nicht zu fein (Bobby)
200 g Knollensellerie
3 Kartoffeln (300 g)
2 mittelgroße Zwiebeln
1 dünne Lauchstange
Meersalz
50 g Butter
2 EL Mehl
Pfeffer aus der Mühle
150 g Crème fraîche

Einlage:

400 g geräucherter, gut durchwachsener Speck am Stück
4 Luxemburger Kochwürste (Mettwürste)

Eintopf:

Bohnen putzen, waschen und in 1 cm große Stücke schneiden. Sellerie und Kartoffeln schälen, waschen und in 1 cm große Würfel schneiden. Kartoffelwürfel in kaltes Wasser legen. Zwiebeln schälen, halbieren und klein würfeln. Lauch putzen, den dunkelgrünen Teil abschneiden, halbieren, waschen, trockenschütteln und in knapp 1 cm breite Stücke schneiden.

Bohnen, Sellerie, Zwiebeln und Lauch in einen großen Suppentopf geben, mit 2 l Wasser aufgießen, leicht salzen und bei mittlerer Hitze 15 - 20 Minuten köcheln lassen. Kartoffeln dazugeben und das Ganze noch weitere 10 Minuten weiterkochen, bis die Kartoffeln weich sind.

Butter bei milder Hitze im Suppentopf schmelzen lassen, Mehl dazu geben, mit einem Schneebesen glattrühen und bei milder Hitze einige Minuten ohne Farbe anschwitzen lassen. Nach und nach soviel warmen Gemüsesud unter Rühren auf die Mehlschwitze schöpfen, bis eine sämige Sauce entstanden ist. Kurz köcheln lassen, durch ein Sieb gießen und zu dem Gemüse geben. Das Ganze gut miteinander vermischen und erhitzen.

Die Suppe mit Salz und Pfeffer abschmecken und in vorgewärmte Suppenteller aufteilen. Mit je einem guten TL Crème fraîche pro Teller servieren. Kochwurst und Speck separat zum Eintopf reichen, so kann sich jeder die gewünschte Menge Fleisch nehmen.

Einlage:

Speck in einem Topf mit kaltem Wasser, ohne Salz, zum Kochen bringen und bei milder Hitze eine gute Stunde gar ziehen lassen, bis sich die Schwarte abziehen lässt. Aus dem Topf nehmen, erst in Scheiben, dann in knapp 1 cm dünne Streifen schneiden. Separat zum Eintopf reichen.

Kochwürste in kochendes, ungesalzenes Wasser legen, den Topf vom Herd nehmen und die Würste darin 20 Minuten ziehen lassen. Zum Servieren die Würste aus dem Wasser nehmen und in dünne Scheiben schneiden. Separat zum Eintopf reichen.

SALATE UND KALTE VORSPEISEN

SALADES ET ENTRÉES FROIDES

GEFÜLLTE EIER

ŒUFS FARCIS

Für 4 Personen

Eier:
6 sehr frische Eier (Größe M)
Meersalz
3 - 4 EL Mayonnaise (S. 168)
1 Msp. scharfen Senf
1 TL frischer Kerbel, fein gehackt
1 EL fein geschnittene Schnittlauchröllchen
1 Prise Cayennepfeffer
1 Spritzer frischen Zitronensaft

Zum Anrichten:
2 kleine Radieschen
Schnittlauchstifte zum Garnieren

Eier:
Eier in kaltem Wasser mit etwas Salz zum Kochen bringen. In 8 Minuten hart kochen und anschließend kalt abschrecken. Die Eier abkühlen lassen, schälen und der Länge nach halbieren. Eigelbe herausnehmen, dabei die Eiweißhälften möglichst nicht beschädigen.

Eigelbe in einem Mörser zerstoßen und nach und nach Mayonnaise und Senf untermischen und zu einer glatten Paste verarbeiten. Kerbel und Schnittlauch hinzufügen, vermengen und mit Salz, Cayennepfeffer und Zitronensaft abschmecken.

Zum Anrichten:
Die Masse mit Hilfe eines Spritzbeutels mit großer Sterntülle schön in die Eiweißhälften füllen. Radieschen putzen, waschen und in hauchdünne Scheiben schneiden. Die gefüllten Eier mit zwei Schnittlauchstiften und einer Scheibe Radieschen dekorieren und servieren.

LACHSTATAR MIT DREI GARNITUREN UND WODKASAHNE

TARTARE DE SAUMON AVEC TROIS GARNITURES, CRÈME À LA VODKA

Für 4 Personen

Wodkasahne:
4 EL Crème fraîche
2 EL geschlagene Sahne
feines Meersalz
ein paar Tropfen Zitronensaft
2 cl Wodka

Garnituren:
2 g getrocknete Algen
(Fueru Wakame)
100 g graue Nordseekrabben
Olivenöl
Zitronensaft
4 - 6 Austern
(z.B. Spécial de claire)
Sevruga Kaviar
(ca. 5 g pro Person)

Tatar:
400 g sehr frisches Wildlachsfilet, ohne Haut und Gräten
1 - 2 kleine Schalotten
4 EL extra natives Olivenöl
feines Meersalz
Pfeffer aus der Mühle
Saft einer halben Zitrone
1 - 2 EL fein geschnittene Schnittlauchröllchen

Wodkasahne:

Crème fraîche und Sahne miteinander vermischen und mit Salz, Zitronensaft und Wodka abschmecken. Bis zum Gebrauch kalt stellen.

Garnituren:

Algen einmal aufkochen, quellen lassen, abkühlen und fein hacken. Krabben aus der Schale lösen, klein schneiden, mit den Algen vermischen und mit etwas Olivenöl und Zitronensaft würzen. Austern öffnen, das Austernfleisch gut über einem Sieb abtropfen lassen, klein hacken und kalt stellen.

Tatar:

Lachsfilet kalt abwaschen, trocknen und das graue Fett sorgfältig entfernen bzw. wegschneiden. Filet erst in dünne Scheiben, dann in Streifen und anschließend in sehr kleine Würfel schneiden. Lachswürfel in eine Schüssel geben und diese auf Eis stellen, damit das Tatar schön kalt bleibt.

Schalotte schälen, halbieren und möglichst fein würfeln. Tatar zuerst mit den Schalotten und dem Olivenöl vermischen, dann mit Salz, Pfeffer und Zitronensaft würzen und abschmecken. Zum Schluss die Schnittlauchröllchen unterheben.

Zum Anrichten:

Mit Hilfe eines kleinen Ringes oder Plätzchenausstechers jeweils drei Tatarportionen (1 - 2 EL) auf vier Teller anrichten, mit etwas Wodkasahne und je einem knappen TL Algen - Krabbenmischung, gehackten Austern und Kaviar nach Geschmack garnieren und servieren.

ENTENSTOPFLEBERTERRINE

TERRINE DE FOIE GRAS DE CANARD

Für ca. 800 g

Terrine:
(mindestens 2 Tage im Voraus vorbereiten)
1 kg frische Entenstopfleber
(2 Stück à 500 - 600 g)
12 g feines Meersalz
2 g frisch gemahlener weißer Pfeffer
2 cl Armagnac
2 cl roter Portwein
4 cl süßer Dessertwein
(Sauternes oder Eiswein)

Zum Anrichten:
Fleur de Sel
(feinstes, französisches Meersalz)
grob gemahlener schwarzer Pfeffer
helles Bauernbrot

Terrine:

Entenlebern bei Zimmertemperatur wachsweich werden lassen, damit man sie putzen kann. Dafür die zwei Leberhälften auseinander nehmen und von der Innenseite her, mit Hilfe eines kleinen Messers, vorsichtig die Adern aus der Leber lösen. Evtl. Gallen - und Blutflecken herausschneiden. Die Lebern umdrehen und die feine Haut rundherum abziehen. Die geputzten Lebern abwiegen und pro Kilogramm mit 12 g feinem Salz und 2 g weißem Pfeffer würzen. Nebeneinander in eine entsprechend große Form legen und mit Armagnac, Portwein und Dessertwein beträufeln, einmal wenden. Mit Frischhaltefolie bedecken und über Nacht im Kühlschrank marinieren lassen.

Am nächsten Tag die Lebern 1 - 2 Stunden bei Zimmertemperatur wieder weich werden lassen und gut aneinandergedrückt in eine Terrinenform einschichten (dabei darauf achten, dass keine Luftkammern entstehen).

Backofen auf 120°C vorheizen. Die Terrine in eine größere Form stellen, diese bis zur halben Höhe mit kaltem Wasser aufgießen und im vorgeheizten Ofen in etwa 45 Minuten rosa garen. Zur Probe: Das Innere der Terrine sollte gerade warm (50°C) sein. Aus dem Ofen nehmen, kurz überkühlen lassen, in eine Auflaufform stellen und etwas beschweren. Dafür ein kleines Brett (fester Karton, Spanplatte) in der Größe der Terrineninnenfläche, zuerst mit Aluminiumfolie, dann mit Frischhaltefolie umwickeln, auf die Terrine legen und ca. 300 bis 400 g Gewicht (z.B. 2 Sahnebecher oder Butterstücke) darauflegen. Im Kühlschrank über Nacht kalt stellen. Am nächsten Tag das Brett entfernen, das ausgetretene gelbe Fett von der Terrine, dem Brett und der Auflaufform aufsammeln (kratzen) und bei milder Hitze schmelzen. Das Entenfett durch ein feines Sieb gießen, fast erkalten lassen, so dass es gerade noch flüssig ist und gleichmäßig über die Terrinenoberfläche fließen lassen, damit die Terrine versiegelt ist. Die Entenleberterrine am besten noch 1 - 2 Tage im Kühlschrank durchziehen lassen.

Zum Anrichten:

Zum Servieren, die Terrine rundherum mit einem kleinen Messer von der Form lösen und zum Lösen des Bodens diese noch kurz in heißes Wasser tauchen. Mit Hilfe eines Brettes stürzen. Mit einer heißen, dünnen Messerklinge in 1 1/2 cm dicke Scheiben schneiden. Jede Scheibe mit etwas Fleur de Sel und grob gemahlenem schwarzen Pfeffer bestreuen und mit frisch getoasteten Bauernbrotscheiben servieren. Dazu passt gut Artischockenpüree oder das Rote - Bete - Püree von S. 116.

LAUWARMER HUMMERSALAT MIT ESTRAGONSAUCE

SALADE TIÈDE DE HOMARD, SAUCE À L'ESTRAGON

Für 4 Personen

Sauce:
1 reife, feste Tomate
2 Estragonstiele
4 EL Mayonnaise (S. 168)
6 cl Krabbenjus (S. 171)
ein paar Tropfen Zitronensaft
feines Meersalz
1 Prise Cayennepfeffer

Hummer:
Schale einer unbehandelten Orange
60 g grobes Meersalz
20 g Fenchelkörner
2 lebende Hummer à 500 - 600 g

Zum Anrichten:
ca. 150 g gemischte Salatblätter (z.B. Feldsalat, Frisée, Radicchio, Eichblatt)
4 EL elegante Vinaigrette (S. 168)
Kerbelblätter zum Garnieren

Sauce:
Den Stielansatz der Tomate mit einem kleinen Messer herausschneiden, 20 Sekunden in kochendes Wasser tauchen, in kaltem Wasser abschrecken, die Haut ablösen, vierteln, entkernen und in 0,5 cm kleine Würfel schneiden. Die Blätter von den Estragonstielen zupfen und fein schneiden. Mayonnaise nach und nach mit dem Krabbenjus glattrühren. Estragon und 2 EL Tomatenwürfel dazugeben und mit etwas Zitronensaft, Salz und Cayennepfeffer abschmecken.

Hummer:
Für den Hummersud Orangenschale einige Sekunden in kochendem Wasser blanchieren und wieder herausnehmen. 6 l Wasser mit dem Salz, Fenchel und den blanchierten Orangenschalen zum Kochen bringen. Einen Hummer in den kochenden Hummersud legen und in 4 bis 5 Minuten glasig garen. Aus dem Sud heben und mind. 3 Minuten vor dem Auslösen ruhen lassen. Zweiten Hummer genauso garen.

Scheren und die Hummerschwänze von den noch lauwarmen Hummern trennen. Die Scheren und Gelenke vorsichtig mit dem Rücken eines großen Küchenmessers aufschlagen und das Fleisch herauslösen. Die Hummerschwänze der Länge nach mit einem Küchenmesser halbieren. Das Fleisch herausheben und den Darm entfernen. Scheren und Schwanz in mundgerechte Stücke schneiden und auf einem vorgewärmten Teller bedeckt warm halten.

Zum Anrichten:
Salate putzen, waschen, trockenschleudern, in kleine Stücke zupfen und mit der Vinaigrette vermischen. Jeweils ein kleines Salatsträußchen auf die obere Hälfte eines Tellers setzen. Die Estragonsauce auf den unteren Teil des Tellers geben. Die lauwarmen Hummerschwanzstücke so um den Salat anrichten, dass die ursprüngliche Schwanzform wieder erkennbar ist, je eine Hummerschere und das Gelenkfleisch dazulegen und mit Kerbel garnieren.

Als zusätzliche Garnitur zu dem Salat passen gut gekochte Artischockenböden und grüne Bohnen.

GEFLÜGELSÜLZE MIT ENTENSTOPFLEBER
GELÉE DE POULETTE AU FOIE GRAS DE CANARD

Für 8 - 10 Personen

Sülzenstand:
8 Blatt Gelatine
700 ml klarer,
Geflügelfond (S. 172)
50 ml trockener Riesling
Balsamicoessig zum Abschmecken
Madeira zum Abschmecken
Trüffeljus zum Abschmecken
(in Feinkostläden erhältlich)
feines Meersalz

Sülze:
2 große Geflügelbrüste
mit Haut, ohne Knochen
feines Meersalz
Pfeffer aus der Mühle
20 g Butter
1 TL Balsamicoessig
1 EL frische Estragonblätter,
fein geschnitten
6 Scheiben Entenstopfleberterrine,
1 1/2 cm dick à 80 g
1 Terrinenform
(1,2 l Fassungsvermögen)

Zum Anrichten:
Fleur de Sel
(feinstes, französisches Meersalz)
grob gemahlener schwarzer Pfeffer

Sülzenstand:

Gelatine in reichlich kaltem Wasser einweichen. Geflügelfond erhitzen, um 1/3 reduzieren, Riesling hinzufügen, 1/2 l Flüssigkeit abmessen, mit Balsamico, Madeira, etwas Trüffeljus und Salz kräftig abschmecken. Gelatine gut ausdrücken und in der heißen Flüssigkeit auflösen. Durch ein Sieb gießen, den Sülzenstand bei Zimmertemperatur abkühlen lassen, bis die Flüssigkeit kalt ist aber noch nicht anfängt zu gelieren (ggf. bei Gebrauch nochmals leicht erwärmen).

Sülze:

Geflügelbrüste salzen und pfeffern und in einer Pfanne bei milder Hitze in der Butter, Hautseite zuerst, 4 - 5 Minuten braten. Wenden, noch 1 - 2 Minuten weiterbraten, Pfanne vom Herd nehmen und die Brüste darin noch einige Minuten rosa durchziehen lassen. Die Haut abziehen, mit etwas Balsamicoessig beträufeln und mit 1 TL Estragonblätter bestreuen. Ganz abkühlen lassen.

Geflügelbrüste von oben schräg in möglichst große, flache, gut 1 cm dicke Scheiben schneiden. Diese leicht flachklopfen. Von der Entenstopfleber das gelbe Fett entfernen und die Scheiben in etwa auf die Terrinengröße zurechtschneiden.

Für den Aufbau der Sülze eine Terrinenform mit wenig Öl einpinseln und möglichst faltenfrei mit Frischhaltefolie auslegen. 80 ml flüssigen Sülzenstand mit dem restlichen Estragon als erste Schicht in die Sülzenform geben.
Mit drei nebeneinander gelegten Entenleberscheiben bedecken und im Kühlschrank fest werden lassen. Mit einer dünnen Schicht Sülzenstand begießen und kurz kühl stellen. Die Hälfte der Geflügelfleischscheiben nacheinander durch etwas Sülzenstand ziehen und flach, dicht aneinander, auf die Sülzenschicht legen. Wieder mit einer dünnen Schicht Flüssigkeit bedecken und die Vorgänge noch einmal mit den restlichen Zutaten wiederholen. Mit einer Schicht Sülzenstand abschließen. Das Ganze anschließend mehrere Stunden im Kühlschrank durchziehen lassen.

Zum Anrichten:

Die Sülze durch leichtes Anheben der Folie von der Form lösen, mit Hilfe eines Schneidebrettes stürzen und mit einem Elektromesser in 1 1/2 cm dicke Scheiben schneiden. Die Scheiben mit etwas Fleur de Sel und grob gemahlenem schwarzen Pfeffer bestreuen und mit gerösteten, hellen Bauernbrotscheiben servieren. Zu der Sülze passen gut blanchierte grüne Bohnen, in Olivenöl eingelegte, gehackte schwarze Trüffel und der Rote - Bete - Sirup von S. 116.

BAUERNSALAT MIT RUSTIKALER VINAIGRETTE
SALADE PAYSANNE, VINAIGRETTE RUSTIQUE

Für 4 Personen

Vinaigrette:
1 kleine Schalotte
1/2 Stange junger Lauch (nur der weiße Teil)
1/2 TL scharfer Senf
feines Meersalz
3 - 4 EL Weißweinessig
150 ml Öl
Pfeffer aus der Mühle

Salat:
2 Eier
Meersalz
200 g gemischter Salat (z.B. Rucola, Eichblatt, Radicchio und Feldsalat)
2 Scheiben Toastbrot
50 g geklärte Butter (S. 169)
6 Scheiben gut durchwachsener Speck

Vinaigrette:
Schalotte schälen, halbieren und in ganz feine Würfel schneiden. Lauch putzen, waschen, trockenschütteln und in hauchdünne Streifen schneiden. Senf, Essig und eine Prise Salz glattrühren, dann das Öl in einem dünnen Strahl dazugießen. Schalottenwürfel und Lauch dazugeben, gut vermischen, die Vinaigrette mit Salz abschmecken und mit Pfeffer würzen.

Salat:
Eier in einem Topf mit kaltem Wasser bedecken, leicht salzen, zum Kochen bringen und in 8 Minuten hart kochen. Kalt abschrecken, schälen und grob mit einer Gabel zerdrücken. Salate putzen, waschen, trockenschleudern und in mundgerechte Stücke zupfen. Toastbrot entrinden, in kleine Würfel schneiden und in einer Pfanne bei mittlerer Hitze mit der geklärten Butter von allen Seiten goldbraun rösten. Auf Küchenpapier abtropfen lassen. Speckscheiben der Breite nach in 0,5 cm dünne Streifen schneiden und in einer heißen Pfanne bei mittlerer Hitze ohne Fett knusprig braten. Ebenfalls auf Küchenpapier abtropfen lassen.

Salatblätter mit Vinaigrette mischen und auf vier Teller aufteilen. Salate mit reichlich Speck, Croûtons und Eiern bestreuen und servieren.

Tipp:
Evtl. übrig gebliebene Vinaigrette hält sich luftdicht verschlossen bis zu 2 Tagen im Kühlschrank.

CHICORÉESALAT MIT JACOBSMUSCHELN UND ARTISCHOCKEN

SALADE DE CHICONS AUX SAINT-JACQUES ET ARTICHAUTS

Für 4 Personen

Salat:

4-6 kleine Artischocken mit Stiel, je nach Größe
1/2 Zitrone
3 kleinere Chicorée
8 reife Cocktailtomaten
16 frische Jacobsmuscheln in der Schale
4-5 EL Olivenöl
feines Meersalz
Pfeffer aus der Mühle

Zum Anrichten:

4 EL elegante Vinaigrette (S. 168)
extra natives Olivenöl
reduzierter Balsamicoessig (S. 170)
1 EL Schnittlauchstifte
Kerbelblättchen zum Garnieren

Salat:

Artischocken putzen. Dafür die äußeren, zähen Hüllenblätter abzupfen, bis die zarten, helleren Blätter zum Vorschein kommen. Die Artischockenblätter knapp 1 cm über dem Boden abschneiden. Die Stiele auf 4-5 cm kürzen. Die Artischockenböden von oben nach unten dünn schälen und zum Schluss ggf. noch rundherum in eine gleichmäßige Form schneiden (tournieren). Das Heu mit Hilfe eines Kugelausstechers entfernen. Die Artischocken bis zum Gebrauch in Zitronenwasser legen.

Jacobsmuscheln am besten vom Fischhändler auslösen lassen. Ansonsten die Muscheln mit einem spitzen, starken Messer seitlich, die flache Seite nach oben haltend, öffnen. Den Muskel durchtrennen und die obere Schale abnehmen. Das weiße Muskelfleisch mit einem Löffel heraustrennen und unter fließendem kalten Wasser gründlich abwaschen. Trockentupfen und bis zum Gebrauch kalt stellen.

Chicorée halbieren, entstrunken, die Blätter abzupfen und diese längs halbieren. Tomaten waschen, trocknen und vierteln.

Artischockenböden der Länge nach in hauchdünne Scheiben schneiden und in einer Pfanne in 2 EL Öl von beiden Seiten goldbraun und knusprig braten. Zum Schluss mit Salz und Pfeffer würzen und auf Küchenpapier abtropfen lassen. Jacobsmuscheln salzen und in einer heißen Pfanne bei mittlerer Hitze im restlichen Olivenöl von beiden Seiten kurz anbraten bzw. karamellisieren.

Zum Anrichten:

Chicoréeblätter und Tomaten mit der Vinaigrette mischen und auf 4 Teller aufteilen. Artischocken und Jacobsmuscheln um die Chicoréeblätter anrichten und mit etwas Olivenöl und reduziertem Balsamico beträufeln. Zum Schluss mit Schnittlauch und Kerbel garnieren und noch lauwarm servieren.

MARINIERTE ROTBARBENFILETS AUF AUBERGINENPÜREE

FILETS DE ROUGETS MARINÉS, CAVIAR D'AUBERGINES

Für 4 Personen

Auberginen:
2 kleinere Auberginen
4 Schalotten
feines Meersalz
50 - 60 ml Olivenöl
1 Knoblauchzehe

Marinade:
1/2 rote Paprikaschote, abgezogen
8 schwarze Oliven, ohne Kern
10 Basilikumblätter
60 ml Olivenöl
ein paar Tropfen Zitronensaft

Rotbarben:
4 Rotbarbenfilets mit Haut,
ohne Gräten à 60 - 70 g
feines Meersalz
Pfeffer aus der Mühle
1 - 2 EL Olivenöl

Zum Anrichten:
Balsamicoessig zum Beträufeln
Fleur de Sel
(feinstes, französisches Meersalz)
grob gemahlener schwarzer Pfeffer

Auberginen:
Backofen auf 180°C vorheizen.

Auberginen waschen, den Stielansatz abschneiden, halbieren und mit der Schnittfläche nach oben auf ein großes Stück leicht eingeölte Aluminiumfolie legen. Leicht salzen. Schalotten schälen, halbieren und daneben legen. Das Ganze mit etwas Olivenöl beträufeln und die Alufolie darüber falten, so dass ein geschlossenes Päckchen entsteht. Die Auberginen im vorgeheizten Backofen in 50 Minuten ganz weich garen.

Knoblauchzehe schälen, halbieren, den Keim entfernen und zwei Mal in kochendem Salzwasser kurz blanchieren. Die Auberginen abkühlen lassen. Das Fruchtfleisch mit Hilfe eines Löffels aus der Schale lösen und in einer Pfanne bei milder Hitze 5 Minuten trocknen. Anschließend Auberginen, Schalotten und Knoblauch mit dem restlichen Olivenöl in einem Mixer zu einer glatten Paste pürieren. Je nach Konsistenz evtl. noch etwas Olivenöl dazugeben. Mit Salz abschmecken.

Marinade:
Eventuelle Kerne von der Paprikaschotenhälfte entfernen und das Fruchtfleisch in ganz kleine Würfel schneiden. Oliven in dünne Spalten schneiden. Basilikumblätter grob hacken oder in feine Streifen schneiden. Paprikawürfel, Olivenspalten und gehackten Basilikum mit dem Olivenöl und etwas Zitronensaft mischen.

Rotbarben:
Rotbarbenfilets schräg halbieren, salzen und pfeffern und in einer Pfanne bei mittlerer Hitze im Öl, Hautseite zuerst, von beiden Seiten in insgesamt 4 - 5 Minuten braten. Aus der Pfanne nehmen, nebeneinander in eine flache Form oder einen tiefen Teller legen, mit der Marinade begießen und kurz darin ziehen lassen. Einmal wenden.

Zum Anrichten:
Jeweils 2 EL Auberginenpüree in die Mitte eines tiefen Tellers geben. Rotbarbenfilets aus der Marinade nehmen, kurz abtropfen lassen, die Hautseite mit Fleur de Sel und grob gemahlenem schwarzen Pfeffer bestreuen und je zwei Filetstücke, Hautseite nach oben, auf das Püree legen. Mit reichlich Marinade umgießen, mit etwas Balsamicoessig beträufeln und servieren.

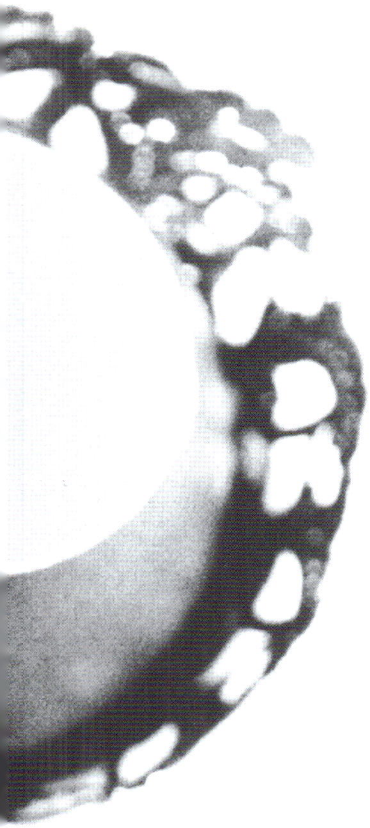

WARME VORSPEISEN
ENTRÉES CHAUDES

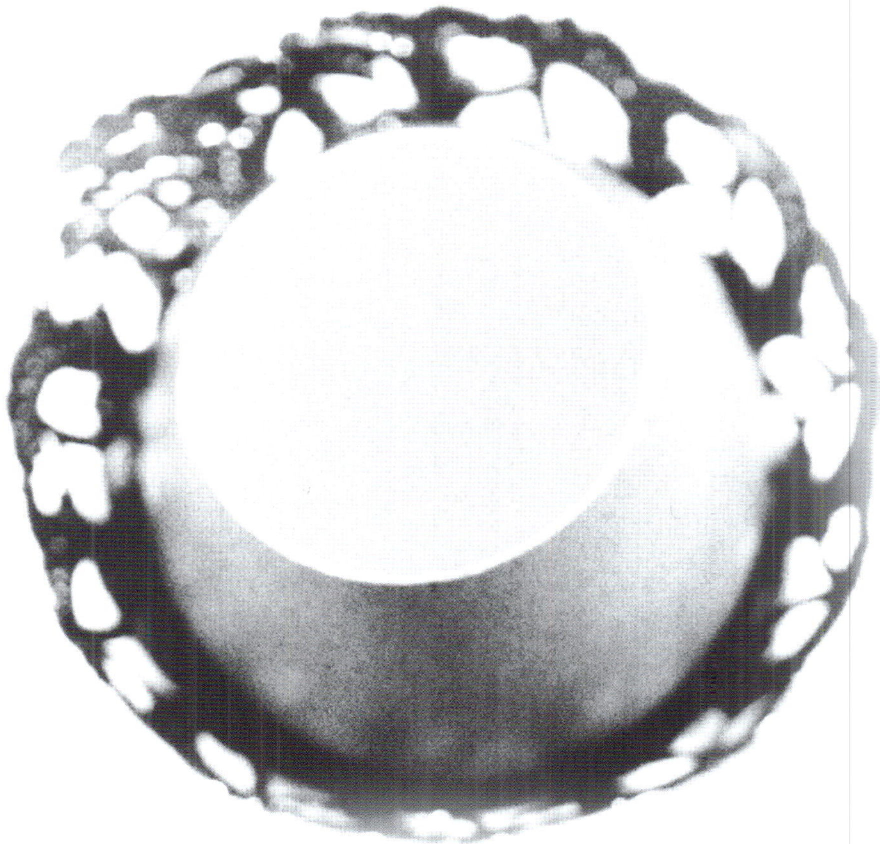

ÜBERRASCHUNGSEIER MIT KAVIAR

ŒUFS SURPRISE AU CAVIAR

Für 4 Personen

Wodkasahne:
80 g Sahne
feines Meersalz
ein paar Tropfen Zitronensaft
2 cl Wodka

Eier:
8 sehr frische Eier (Größe M)
feines Meersalz
30 - 40 g Butter
1 Prise Cayennepfeffer
35 g gebeizter oder
geräucherter Lachs

Zum Anrichten:
Sevruga Kaviar
(ca. 5 - 6 g pro Person)

Wodkasahne:
Sahne schön fest schlagen, mit etwas Salz, Zitronensaft und Wodka vermischen und abschmecken. In einen Spritzbeutel mit kleiner Rundtülle füllen und kalt stellen.

Eier:
Eier im oberen Drittel mit einem scharfen Messer oder einem entsprechenden Eieröffner glatt öffnen und in eine Schüssel geben. Die vier schönsten Eierschalen sauber auswaschen und im Ofen bei 50°C trocknen lassen. Bis zum Gebrauch warm halten.

Lachs in möglichst kleine Würfel schneiden und kalt stellen. Für die Rühreier einen größeren Topf zu 1/4 voll mit Wasser füllen und zum Köcheln bringen. Eier in einem für den Topf passenden Schlagkessel verrühren, leicht salzen, auf den Topf stellen und über dem heißen Wasserdampf mit einem Schneebesen schaumig aufschlagen, bis sie gerade anfangen zu stocken. Die Eier sofort vom Topf nehmen, die Butter in kleinen Stückchen unterschlagen und anschließend durch ein feines Sieb passieren. Mit Salz und Cayennepfeffer abschmecken.

Zum Anrichten:
Eierschalen mit der Öffnung nach oben in Eierbecher stellen. Zuerst mit je einem TL Lachswürfel füllen, dann zu 3/4 mit den Rühreiern bedecken und anschließend die Sahne in einem doppelten Rand aufspritzen. Zum Schluss mit einem guten TL Kaviar garnieren und servieren.

Tipp:
Anstelle der Eierschalen können die Überraschungseier auch in vorgewärmte Eierbecher eingefüllt werden.

GRATINIERTE AUSTERN MIT GURKEN

HUÎTRES GRATINÉES AUX CONCOMBRES

Für 4 Personen

Austern:
1 kleinere Salatgurke
20 g Butter
feines Meersalz
24 Austern
(z.B. Fines de claires)
ca. 1 - 2 kg grobes Meersalz

Sabayon:
6 cl Austernwasser
4 Eigelb
200 ml Champagner oder
guter Sekt
30 g Butter
feines Meersalz
ein paar Tropfen Zitronensaft

Austern:
Gurke schälen, längs halbieren, mit einem Löffel die Kerne entfernen und das Gurkenfleisch in möglichst kleine Würfel schneiden. Würfel in einer Pfanne in der Butter 2 - 3 Minuten sanft anschwitzen. Leicht salzen und abkühlen lassen.

Austern mit Hilfe eines Austernmessers öffnen, aus den Schalen lösen und in einen kleinen Topf geben. Die Austernflüssigkeit durch ein Sieb auf die Austern gießen.

Eine entsprechend große Auflaufform oder ein Backblech mit grobem Meersalz zur Hälfte auffüllen. Die Austernunterschalen säubern, mit heißem Wasser auswaschen, trocknen und nebeneinander eben auf das vorbereitete Salzbett legen.

Austern im Austernwasser bei milder Hitze 20 Sekunden erwärmen bzw. pochieren und über einem Sieb abgießen. Dabei das Austernwasser auffangen.

Sabayon:
6 cl Austernwasser abmessen, zusammen mit den Eigelben und dem Champagner in einem Schlagkessel verrühren, auf einen entsprechend großen Topf mit etwas kochendem Wasser setzen und über dem heißen Wasserdampf mit einem Schneebesen zu einem feinporigen, hellgelben Schaum (Sabayon) aufschlagen. Sobald das Sabayon anfängt zu binden, die Schüssel vom Wasserbad nehmen und die Butter in kleinen Stückchen unterschlagen. Mit Salz und etwas Zitronensaft abschmecken.

Zum Anrichten:
Grillfunktion des Backofens einschalten.

Je einen TL Gurkenwürfel und eine pochierte Auster in jede Schale geben und gleichmäßig mit 1 - 2 EL Sabayon bedecken. Austern auf der obersten Einschubleiste unter dem heißen Grill hellbraun gratinieren und pro Person 6 gratinierte Austern auf mit Salz gefüllten Tellern anrichten und servieren.

Tipp:
Das Meersalz kann öfter verwendet werden.

KARTOFFELRÖSTI MIT GEBEIZTEM WILDLACHS UND KAVIAR

GALETTES DE POMMES DE TERRE AU SAUMON SAUVAGE MARINÉ ET CAVIAR

Für 4 Personen

Lachs:
Für 800 g Lachs
(2 Tage im Voraus vorbereiten)
500 g grobes Meersalz
350 g Zucker
50 g schwarzer Pfeffer, angedrückt
(oder sehr grob gemahlen)
80 g Fenchelsamen
800 g Wildlachsfilet mit Haut,
entschuppt und entgrätet
(ca. 1 Lachsseite)

Sahne:
3 EL Crème fraîche
2 EL geschlagene Sahne
1 EL flüssige Sahne
feines Meersalz
ein paar Tropfen Zitronensaft

Rösti:
800 g Kartoffeln (festkochend)
Öl zum Braten
feines Meersalz
Pfeffer aus der Mühle

Zum Anrichten:
Sevruga Kaviar
(ca. 8 - 10 g pro Person)
Schnittlauchspitzen zum Garnieren

Lachs:

Salz, Zucker, Pfeffer und Fenchel miteinander mischen. 1/3 der Beizmischung in eine längliche Schüssel geben, das Lachsfilet - Hautseite nach unten - auf die Beize legen und mit der restlichen Mischung großzügig bedecken. Mit Frischhaltefolie abdecken und im Kühlschrank je nach Dicke 36 - 48 Stunden beizen lassen.

Das Filet aus der Beize nehmen, gründlich unter kaltem Wasser abwaschen und mit Küchenpapier trocknen. Den gebeizten Lachs mit Hilfe eines scharfen Lachsmessers (Tranchiermesser) in schöne dünne Scheiben schneiden. Jeweils 2 - 3 Lachsscheiben übereinander legen und mit einem Ausstecher von 10 cm Durchmesser 4 Kreise ausstechen.

Sahne:

Crème fraîche glattrühren und mit geschlagener und flüssiger Sahne zu einer halbfesten Creme aufschlagen. Mit Salz und Zitronensaft abschmecken.

Rösti:

Kartoffeln schälen, waschen und grob raspeln. Mit den Händen gut ausdrücken, leicht salzen und pfeffern. Etwas Öl in einer kleinen beschichteten Pfanne von 10 cm Durchmesser (Blini - Pfanne) erhitzen und 1/4 der Kartoffeln darin bis zum Rand locker einlegen. Das Rösti erst von einer Seite schön kross braten, dabei einmal anheben, damit sich das Fett gut verteilen kann, dann wenden und die zweite Seite fertig backen. Auf Küchenpapier abtropfen lassen und im Ofen bei 50°C warm halten. Aus den restlichen Kartoffeln weitere 3 Röstis backen.

Tipp:

Anstelle von 4 kleinen Röstis kann man auch einen Großen backen und aus diesem dann mit einem Ausstecher kleinere Röstis ausstechen.

Zum Anrichten:

Pro Person jeweils einen heißen Rösti mit einem Lachskreis belegen, mit 1 EL Sahne, einem guten TL Kaviar und mit ein paar Schnittlauchspitzen garnieren und auf vorgewärmten Tellern servieren.

KNUSPRIGE NUDELPÄCKCHEN MIT RICOTTAFÜLLUNG

PÂTES CROUSTILLANTES FARCIES AU RICOTTA

Für 4 Personen

Nudelpäckchen:
4 große Mangoldblätter
1 kleiner Zucchini
25 g Butter
feines Meersalz
1 Bund Basilikum
350 g Ricotta
2 Eier
60 g frisch geriebener Parmesankäse
Pfeffer aus der Mühle
1 Prise frisch geriebene Muskatnuss
250 g Nudelteig (S. 175)
50 g gesalzene Butter ersatzweise ungesalzene Butter mit einer Prise Salz, flüssig

Tomatensauce:
4 reife, feste Tomaten
1 kleine Zwiebel
2 EL Olivenöl
feines Meersalz
Pfeffer aus der Mühle
1 Prise Zucker
2 Knoblauchzehen
1 Zweig Thymian
2 - 3 EL extra natives Olivenöl

Zum Anrichten:
frisch geriebener Parmesankäse

Nudelpäckchen:

Für die Füllung den weißen Stiel der Mangoldblätter entfernen, die Blätter waschen, trocknen und in dünne Streifen schneiden. Zucchini entstrunken, waschen und grob raspeln. Beide Gemüse zusammen in einer Pfanne bei milder Hitze in der Butter in 3 - 4 Minuten weich dünsten. Leicht salzen und abkühlen lassen. Basilikumblätter von den Stängeln zupfen, waschen, trocknen und grob hacken. Ricotta, Eier, Mangold - und Zucchinimischung, Basilikum und Parmesan gut miteinander vermischen und mit Salz, Pfeffer und einer Prise Muskatnuss würzen.

Den Nudelteig mit Hilfe einer Nudelmaschine in möglichst dünne, 12 cm breite Teigbahnen ausrollen. Anschließend in 12 x 12 cm große Teigquadrate schneiden. Die Nudelblätter in reichlich kochendem Salzwasser in 1 - 2 Minuten gar kochen, in leicht gesalzenem Eiswasser abschrecken und gut abtropfen lassen. Die Nudelblätter nebeneinander auf ein Küchentuch legen, die Oberfläche trockentupfen und jeweils 1 EL Ricottafüllung in die Mitte des Nudelblattes setzen. Drei Nudelecken überlappend über der Füllung zusammenfalten, so dass kleine Päckchen entstehen. Die vierte Ecke unter das Päckchen schlagen. Die Nudeln dicht aneinander in eine leicht gebutterte Aufflaufform setzen und mit der flüssigen Salzbutter einpinseln.

Tomatensauce:

Den Stielansatz der Tomaten herausschneiden, die Tomaten 20 Sekunden in kochendes Wasser tauchen, in kaltem Wasser abschrecken, abgießen und die Haut abziehen. Die Tomaten mit einem Stabmixer fein pürieren und durch ein Sieb passieren. Zwiebel schälen, halbieren, in kleine Würfel schneiden und in einem Topf im Olivenöl glasig anschwitzen. Tomatenpüree hinzufügen und mit Salz, Pfeffer und einer Prise Zucker würzen. Knoblauch schälen, halbieren, den Keim entfernen und zusammen mit dem Thymian in den Topf geben. Das Ganze bei milder Hitze 15 - 20 Minuten köcheln lassen, bis die Sauce etwas eingedickt ist. Knoblauch und Thymian entfernen, natives Olivenöl hinzufügen und die Sauce noch mal abschmecken.

Zum Anrichten:

Backofen auf 200°C vorheizen. Die Nudelpäckchen im vorgeheizten Backofen in 5 - 8 Minuten knusprig und goldbraun backen. Jeweils 2 - 3 Päckchen auf vorgewärmten Tellern anrichten und mit der Tomatensauce und frisch geriebenem Parmesan servieren.

CREMIGES RISOTTO MIT WALDPILZEN

RISOTTO CREMEUX AUX CHAMPIGNONS DES BOIS

Für 4 Personen

Risotto:
1 Schalotte
4 EL Olivenöl
300 g Risottoreis
(z.B. Arborio oder Vialone Nano)
feines Meersalz
100 ml trockener Sekt oder Weißwein
ca. 1 l Geflügelfond, heiß (S. 172)

Zum Anrichten:
150 g gemischte Waldpilze
(z.B. Steinpilze, Pfifferlinge, Herbsttrompeten)
60 g Butter
feines Meersalz
Pfeffer aus der Mühle
60 g frisch geriebener Parmesankäse
4 EL geschlagene Sahne
extra natives Olivenöl
4 frittierte Petersilienblätter (S. 170)

Risotto:

Schalotte schälen, halbieren, in kleine Würfel schneiden und in einem großen Topf mit dickem Boden (Gusseisen) im Olivenöl bei mittlerer Hitze glasig dünsten. Den Reis dazugeben, leicht salzen und solange mitschwitzen lassen, bis die Körner heiß und glasig sind. Mit Weißwein ablöschen, ganz verkochen lassen und mit etwas heißem Geflügelfond aufgießen. Unter ständigem Rühren immer wieder Geflügelfond dazugießen und vom Reis aufnehmen lassen, bis die Reiskörner weich sind, aber noch Biss haben.

Zum Anrichten:

In der Zwischenzeit die Pilze putzen, ggf. waschen, trocknen und je nach Größe halbieren oder vierteln. In einer heißen Pfanne mit 10 g Butter kurz von allen Seiten anbraten und salzen und pfeffern.

Sobald der Reis fertig ist, den Topf vom Herd nehmen, die restliche Butter in kleinen Stückchen unter das Risotto rühren, Parmesan hinzufügen und zum Schluss die Sahne unterheben. Mit Salz abschmecken und in vier vorgewärmte Suppenteller aufteilen. Die Waldpilze auf das Risotto geben, mit etwas Olivenöl beträufeln und mit je einem frittierten Petersilienblatt garnieren.

RISOTTO VERDE MIT KROSSEM SPECK

RISOTTO VERT AU LARD CROUSTILLANT

Für 4 Personen

Speck:
8 hauchdünne Scheiben
gut durchwachsener Speck

Risotto:
1 Schalotte
4 EL Olivenöl
300 g Risottoreis
(z.B. Arborio oder Vialone Nano)
feines Meersalz
100 ml trockener Weißwein
ca. 1 l Geflügelfond, heiß (S. 172)
1 Kopfsalat
(nur die dunkelgrünen Blätter)
30 g Butter
60 g frisch geriebener
Parmesankäse
3 EL geschlagene Sahne
1 - 2 EL Parmesankäsespäne
4 frittierte Petersilienblätter
(S. 170)

Speck:
Backofen auf 160°C vorheizen.

Die Speckscheiben nebeneinander auf ein mit Backpapier ausgelegtes Backblech legen, mit einem zweiten, etwas kleinerem Backblech beschweren, so dass die Speckscheiben ganz flach gedrückt werden und die Scheiben so im Backofen in ca. 15 - 20 Minuten kross backen. Das obere Backblech entfernen, den Speck abkühlen lassen und auf Küchenpapier abtropfen.

Risotto:
Schalotte schälen, halbieren, in kleine Würfel schneiden und in einem großen Topf mit dickem Boden (Gusseisen) im Olivenöl bei mittlerer Hitze glasig dünsten. Den Reis dazugeben, leicht salzen und solange mitschwitzen lassen, bis die Körner heiß und glasig sind. Mit Weißwein ablöschen, ganz verkochen lassen und mit etwas heißem Geflügelfond aufgießen. Unter ständigem Rühren immer wieder Geflügelfond dazugießen und vom Reis aufnehmen lassen, bis die Reiskörner weich sind, aber noch Biss haben.

Salat putzen, nur die dunkelgrünen Blätter waschen und in kochendem Salzwasser 1 - 2 Minuten blanchieren, in Eiswasser abschrecken, abtropfen lassen, sehr gut ausdrücken und mit einem Stabmixer fein pürieren.

Sobald der Reis gar ist, den Topf vom Herd nehmen, die Butter in kleinen Stückchen unter das Risotto rühren und soviel Kopfsalatpüree hinzufügen, bis das Risotto eine schöne grüne Farbe hat. Zum Schluss Parmesan dazugeben und die Sahne unterheben. Mit Salz abschmecken und in vier vorgewärmte Suppenteller aufteilen. Mit jeweils 2 krossen Speckscheiben, einigen Parmesanspänen und einem frittierten Petersilienblatt anrichten und heiß servieren.

WALDPILZPASTETCHEN

CHAUSSONS AUX CHAMPIGNONS DES BOIS

Für 4 Personen

Füllung:
250 g kleine geschlossene Champignons
1 Schalotte
50 g Butter
feines Meersalz
Pfeffer aus der Mühle
ein paar Tropfen Zitronensaft
250 g gemischte Waldpilze (z.B. Steinpilze, Pfifferlinge, Morcheln)

Fertigstellung:
200 g Blätterteig (S. 174)
1 Eigelb

Füllung:
Champignons putzen, evtl. waschen, trockentupfen, das untere Drittel vom Stiel abschneiden und die Pilze erst in Scheiben, dann in möglichst kleine Würfel schneiden oder ganz fein hacken. Schalotte schälen, halbieren, klein würfeln und in einer Pfanne mit 30 g Butter glasig anschwitzen. Champignonwürfel dazugeben, mit Salz, Pfeffer und Zitronensaft würzen und das Ganze bei milder Hitze gute 5 - 8 Minuten schmoren lassen, bis die Pilze gut eingekocht sind. Auf einem Teller abkühlen lassen.

Waldpilze gründlich putzen, evtl. waschen, trockentupfen und je nach Größe in Scheiben oder Viertel schneiden. Die Pilze in einer heißen Pfanne mit der restlichen Butter kurz von allen Seiten hellbraun anbraten, leicht salzen und abkühlen lassen.

Fertigstellung:
Backofen auf 200°C vorheizen.

Blätterteig 2 - 3 mm dünn ausrollen und mit einem Ausstecher 8 Ringe von 10 cm Durchmesser ausstechen. Eigelb mit 1 EL Wasser verquirlen. Die Ränder von vier Teigtalern mit Eigelb einstreichen und in die Mitte der eingestrichenen Taler 2 EL Champignonmasse geben. Die Waldpilze darauf verteilen, etwas in die Champignons drücken und mit den restlichen vier Blätterteigtalern zudecken, so dass kleine Pastetchen entstehen. Die Ränder der Teigtaler gut aneinanderdrücken. Jeweils ein kleines Loch in die Mitte der Pastetenoberfläche stechen, damit der beim Backen entstehende Dampf entweichen und der Blätterteig schön kross werden kann.

Die Pasteten mit dem restlichen Eigelb einpinseln, auf ein mit Backpapier ausgelegtes Backblech setzen und im vorgeheizten Ofen erst 10 Minuten bei 200°C, dann 15 Minuten bei 180°C goldbraun backen. Aus dem Ofen nehmen und noch heiß mit einem kleinen gemischten Salat servieren.

„KNIDDELEN" - LUXEMBURGER MEHLNOCKEN

QUENELLES DE FARINE A LA LUXEMBOURGEOISE

Für 3 - 4 Personen

Mehlnocken:
3 Scheiben Toastbrot
150 ml Milch
500 g Mehl, gesiebt
5 - 6 Eier (Größe M)
feines Meersalz
30 g Butter, flüssig

Sauce:
2 Scheiben Toastbrot
30 g geklärte Butter (S. 169)
6 - 7 Scheiben
gut durchwachsener Speck
(ca. 100g)
120 g Sahne
feines Meersalz

Zum Anrichten:
1 - 2 EL Schnittlauchröllchen

Mehlnocken:
Toastbrot entrinden, in kleine Stücke brechen und in der Milch einweichen. Mehl in eine Schüssel sieben, Eier, Salz und das eingeweichte Brot mit der Milch dazugeben und mit einem Holzlöffel oder Teigschaber zu einem glatten, halb festen Teig verrühren. Zum Schluss die Butter hinzufügen. Den Teig eine halbe Stunde bedeckt ruhen lassen.

In einem großen Topf reichlich Wasser zum Kochen bringen und salzen. Aus dem Teig mit Hilfe eines Eßlöffels kleine Nocken ausstechen und diese Portionsweise im siedendem Salzwasser in 3 - 4 Minuten gar kochen. Die Kniddelen mit einem Schaumlöffel aus dem Wasser heben, abtropfen lassen und nebeneinander auf eine vorgewärmte Platte legen. Warm halten.

Sauce:
Aus dem Toastbrot Croûtons wie auf S. 24 beschrieben zubereiten.

Speckscheiben in dünne Streifen (Lardons) schneiden und in einer heißen Pfanne goldbraun und knusprig braten. Das ausgetretene Fett abgießen und mit der Sahne ablöschen. Einmal aufkochen lassen und die Sauce ggf. mit Salz abschmecken.

Zum Anrichten:
Die Specksauce über die Kniddelen verteilen, großzügig mit Croûtons und Schnittlauch bestreuen und heiß servieren.

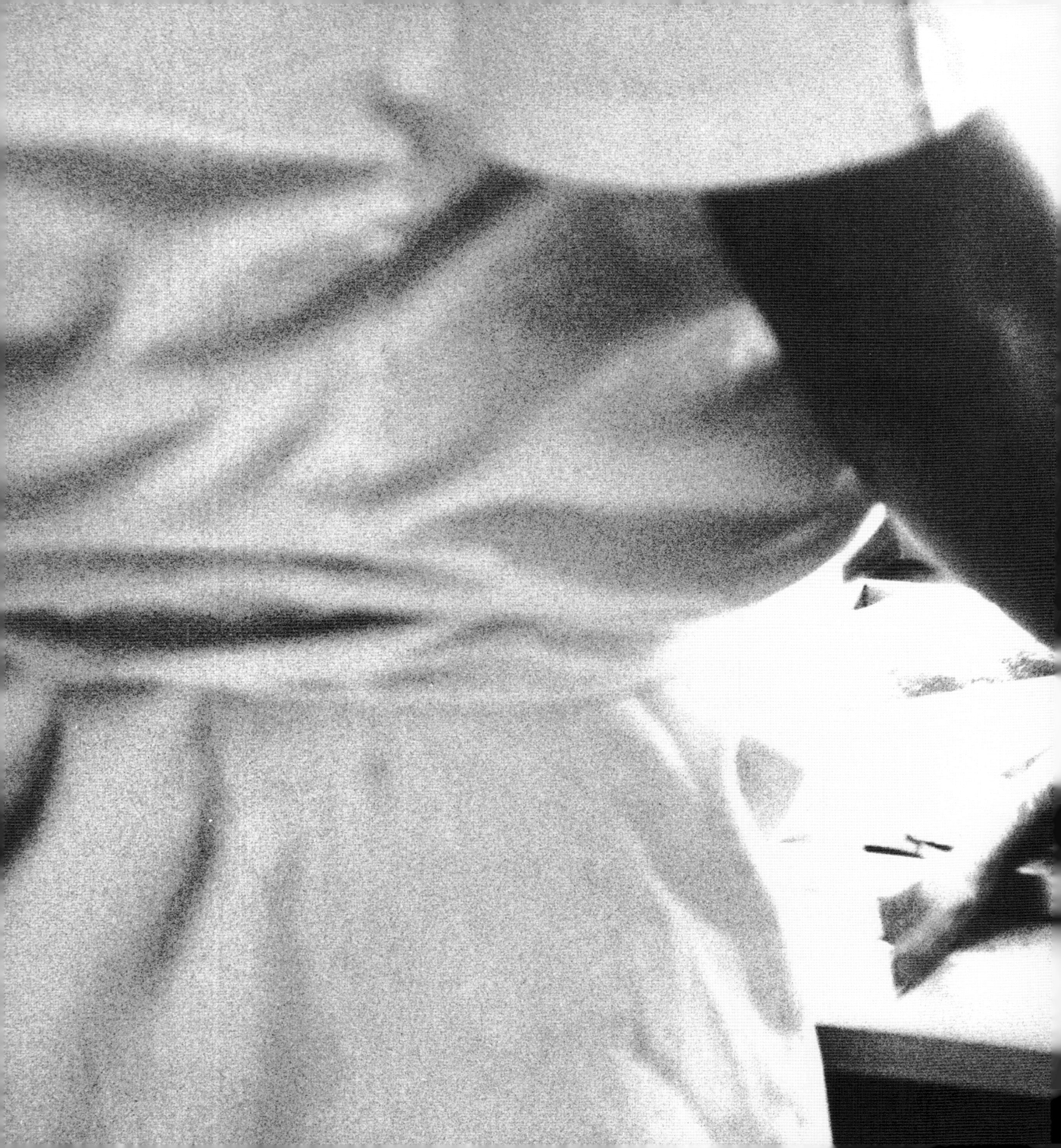

FISCHE, KRUSTEN - UND SCHALENTIERE

POISSONS, CRUSTACÉS ET COQUILLAGES

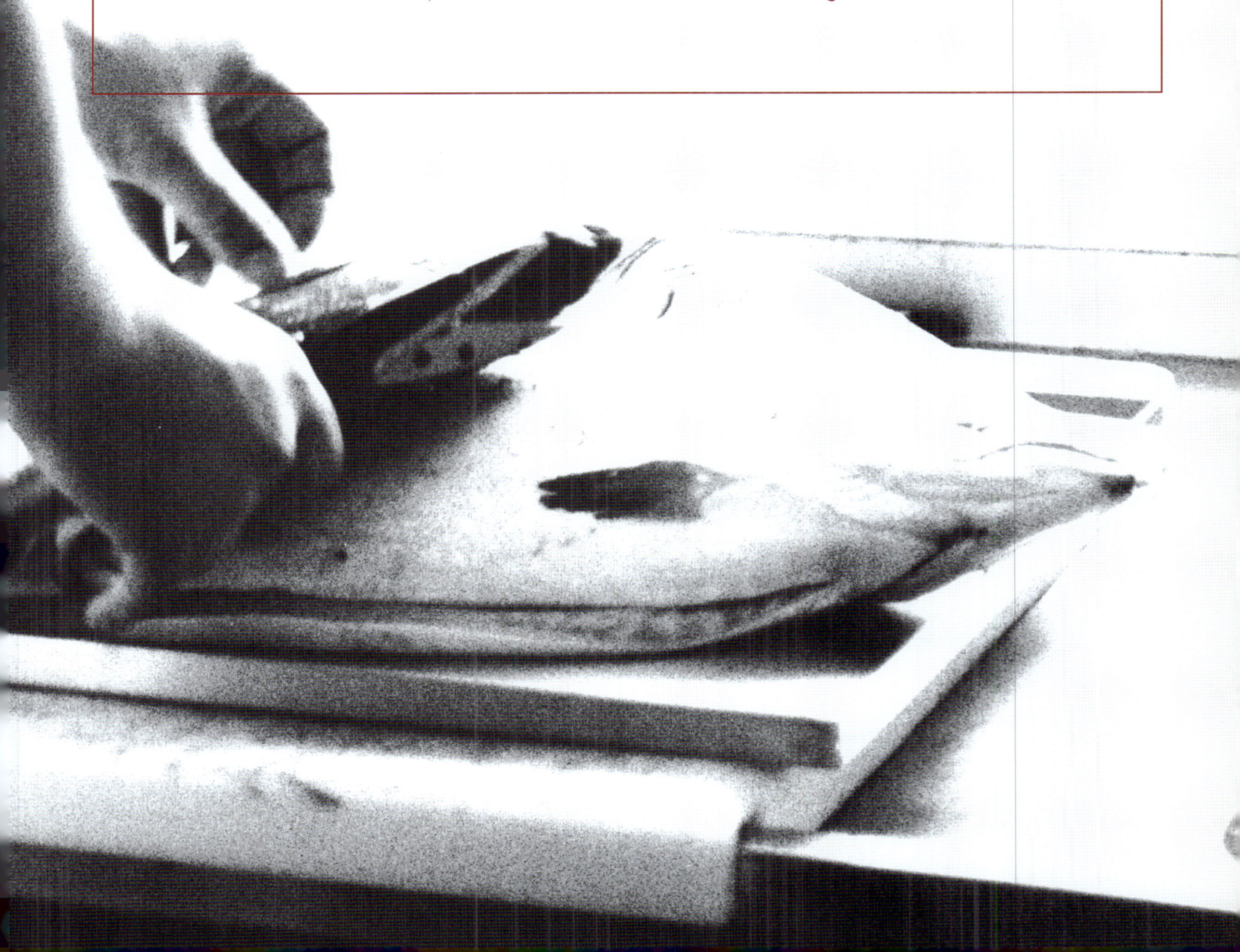

MUSCHELRAGOUT IN SAFRANSAUCE

RAGOÛT DE MOULES AU SAFRAN

Für 4 Personen

Muscheln:
2 kg Miesmuscheln (Bouchot)
1 Stange Lauch (nur der weiße Teil)
1 Schalotte
1 Stange Staudensellerie
1 mittelgroße Karotte
feines Meersalz
20 g Butter
1 EL Olivenöl
1/4 l trockener Weißwein
1 Zweig Thymian

Sauce:
1 gest. TL milder Curry (Madras)
6 Safranfäden
100 g Sahne
30 g kalte Butterstückchen
feines Meersalz
Pfeffer aus der Mühle

Zum Anrichten:
1 EL Olivenöl
1 - 2 EL frisch geschnittene Schnittlauchröllchen

Muscheln:

Muscheln gründlich in eiskaltem Wasser waschen, abbürsten und den Bart entfernen. Geöffnete Exemplare dabei aussortieren.

Lauch putzen, halbieren, sorgfältig waschen, trockenschütteln und in sehr kleine Würfel schneiden. Schalotte schälen, halbieren und klein würfeln. Sellerie und Karotte schälen, längs in dünne Scheiben, dann in möglichst kleine Würfel schneiden. Jeweils einen knappen EL der verschiedenen Gemüsewürfel in kochendem Salzwasser bissfest blanchieren, kalt abschrecken und gut abtropfen lassen. Beiseite stellen.

Die restlichen Würfel in einem größeren Topf bei mittlerer Hitze in Butter und Olivenöl einige Minuten anschwitzen, bis das Gemüse weich ist. Mit Weißwein ablöschen, Thymian einlegen und das Ganze 3 - 4 Minuten köcheln lassen. Muscheln hinzufügen und bedeckt etwa 4 - 5 Minuten garen, bis sie sich öffnen. Dabei die Muscheln 2 mal gut umrühren. Mit einer Schaumkelle die Muscheln aus dem Topf heben, geschlossene dabei entfernen und den Sud durch ein feines Sieb in einen kleineren Topf gießen. Muscheln noch heiß aus den Schalen lösen und mit Frischhaltefolie abdecken.

Sauce:

Den Muschelsud um 1/3 reduzieren, Curry und Safran hineingeben, noch einige Minuten weiterköcheln lassen, Sahne hinzufügen, mit einem Stabmixer schaumig aufschlagen und die Butter in kleinen Stückchen hineinmixen. Mit Salz und Pfeffer abschmecken.

Zum Anrichten:

Die blanchierten Gemüsewürfel in einer Pfanne im Olivenöl kurz anschwitzen, die Muscheln dazugeben, heiß werden lassen und in 4 vorgewärmte Teller aufteilen. Die Sauce nochmals schaumig aufschlagen und die Muscheln damit überziehen. Mit Schnittlauchröllchen bestreuen und servieren.

JACOBSMUSCHELN IN DER EIGENEN SCHALE GEGART

SAINT - JACQUES EN COQUILLES LUTÉES

Für 4 Personen

Jacobsmuscheln:
4 - 5 kleine, geschlossene Steinpilze
100 g Herbsttrompeten
1 Schalotte
20 g Butter
feines Meersalz
8 - 12 frische Jacobsmuscheln mit Schale, je nach Größe
100 g Blätterteig (S. 174)
1 Eigelb

Sauce:
1 Schalotte
50 g Butter
1 Msp. gehackter Knoblauch
Pilzabschnitte (siehe oben)
200 ml Geflügelfond (S. 172)
80 ml Milch
80 g Sahne
feines Meersalz
Pfeffer aus der Mühle
2 cl trockener Sherry (Tio pepe)

Zum Anrichten:
grobes Meersalz

Jacobsmuscheln:

Steinpilze putzen, mit einem Küchentuch säubern und in schöne Scheiben schneiden. Herbsttrompeten putzen, ggf. waschen und trocknen und je nach Größe halbieren oder vierteln. Pilzabschnitte aufbewahren. Schalotte schälen, halbieren und fein würfeln. Pilze in einer heißen Pfanne in der Butter kurz anbraten, Schalotten dazugeben und leicht salzen. Abkühlen lassen.

Jacobsmuscheln aus der Schale lösen. Den Muskel säubern, gründlich waschen, mit Küchenpapier trocknen und bis zum Gebrauch kalt stellen. Die 4 größten Jacobsmuschelschalen mit Deckel von innen und außen gut abbürsten, reinigen und trocknen.

Blätterteig dünn ausrollen und vier 3 cm breite Ringe in der Größe der Muschelschalen ausstechen. Eigelb mit 1 EL Wasser verquirlen. Backofen auf 200°C vorheizen. Jacobsmuscheln leicht salzen, jeweils 2 - 3 Muscheln in die Mitte der unteren Schale setzen und die Pilze rundherum verteilen. Mit den Muscheldeckeln zudecken. Blätterteigringe von einer Seite mit Eigelb bestreichen und mit dieser Seite die beiden aufeinander liegenden Schalenhälften rund herum abdecken. Den Teig an die Muschelschalen drücken, damit sie gut verschlossen sind und außen ebenfalls mit Eigelb einstreichen.

Die Muscheln im vorgeheizten Backofen 14 - 15 Minuten backen, bis der Blätterteig schön goldbraun ist.

Sauce:

In der Zwischenzeit Schalotten schälen, halbieren, in feine Scheiben schneiden und in einem kleinen Topf in 20 g Butter glasig anschwitzen. Knoblauch und Pilzabschnitte dazugeben, kurz mitschwitzen lassen und mit Geflügelfond aufgießen. Den Fond um die Hälfte reduzieren lassen, durch ein feines Sieb passieren, Sahne und Milch hinzufügen, mit einem Stabmixer schaumig aufschlagen und die restliche Butter in kleinen Stückchen hineinmixen. Die Sauce mit Salz, Pfeffer und etwas Sherry abschmecken.

Zum Anrichten:

Die Sauce nochmals abschmecken und schaumig aufschlagen. Etwas Meersalz in die Mitte von 4 Suppentellern häufen, die Muscheln aus dem Ofen nehmen und auf je ein Salzbett legen. Geschlossen servieren und die Sauce separat dazu reichen.

LANGOUSTINENRAVIOLI
RAVIOLI AUX LANGOUSTINES

Für 4 Personen

Ravioli:
12 große
frische Langoustinenschwänze
(Kaisergranat- oder
Scampischwänze)
200 g Nudelteig (S. 175)
Mehl zum Bestäuben
1 Eiweiß, verquirlt
Meersalz

Sauce:
1 reife, feste Tomate
200 ml Krabbenjus (S. 171)
6 Safranfäden
50 g kalte Butterstückchen
feines Meersalz
2 EL geschlagene Sahne

Garnitur:
700 g junge, zarte Spinatblätter
30 g Butter
feines Meersalz
Pfeffer aus der Mühle
Kerbelblättchen zum Anrichten

Ravioli:

Langoustinenschwänze aus den Schalen brechen bzw. schälen. Das Schwanzfleisch halbieren, den Darm entfernen und in 2 cm große Stücke schneiden. Kalt stellen.

Arbeitsfläche mit etwas Mehl bestäuben. Den Teig mit Hilfe einer Nudelmaschine zu langen, möglichst dünnen Teigbahnen ausrollen. Die Hälfte der Teigbahnen sparsam mit Eiweiß einstreichen. Die Langoustinenschwänze leicht salzen und in 24 kleinen Portionen jeweils mit einem Abstand von 8 cm auf die Mitte der eingestrichenen Teigbahnen verteilen. Die restlichen Teigbahnen locker und so glatt wie möglich darüber legen. Die obere Teigplatte um die Füllung herum andrücken. Mit einem runden Ausstecher von 8 cm Durchmesser Ravioli ausstechen. Die Raviolirränder mit den Fingern gut zusammendrücken, so dass sie fest verschlossen sind und der Teig schön dünn wird. Bis zum Gebrauch auf ein mit Mehl bestäubtes Brett oder Tablett legen.

Sauce:

Den Stielansatz der Tomate herausschneiden, die Tomate 20 Sekunden in kochendes Wasser tauchen, in kaltem Wasser abschrecken, die Haut abziehen, vierteln und entkernen. Die Tomatenfilets in 0,5 cm kleine Würfel schneiden. Krabbenjus auf die Hälfte einkochen, Safranfäden dazugeben, kurz ziehen lassen, die Sauce mit einem Stabmixer schaumig aufschlagen und die Butter in kleinen Stückchen hineinmixen. Mit Salz abschmecken.

Garnitur:

Spinatblätter von den Stielen zupfen, die Blätter gründlich waschen, trockenschleudern und kurz vorm Servieren in einer heißen Pfanne in der Butter 2 Minuten anbraten, so dass die Blätter zusammenfallen. Mit Salz und Pfeffer würzen. Auf Küchenpapier abtropfen lassen und warm halten.

Zum Anrichten:

Ravioli in reichlich kochendem Salzwasser in 2 - 3 Minuten gar ziehen lassen. Mit einer Schaumkelle aus dem Wasser nehmen und auf ein Küchentuch legen.

Spinat in die Mitte von 4 vorgewärmten Tellern aufteilen und jeweils 6 Ravioli auf den Spinat anrichten. Die Sauce nochmals schaumig aufschlagen, Tomatenstückchen hineingeben, die geschlagene Sahne unterheben und abschmecken. Die Ravioli mit der Sauce überziehen, mit Kerbelblättchen garnieren und servieren.

HALBER HUMMER MIT KRÄUTERN

DEMI - HOMARD AUX HERBES

Für 4 Personen

Kräuterbutter:
120 g Butter, Zimmertemperatur
1 EL Estragonblätter, fein geschnitten
1 - 2 EL glatte Petersilie, grob gehackt
1 EL Brunnenkresseblätter, fein geschnitten
feines Meersalz
Pfeffer aus der Mühle
2 cl Anislikör (Pernod)
ein paar Tropfen Zitronensaft

Hummer:
6 l Hummersud (S. 172)
2 große, lebende Hummer à 600 - 700 g

Kräuterbutter:
Butter mit den Kräutern glattrühren und mit Salz, Pfeffer, etwas Anislikör und Zitronensaft würzen. Bis zum Gebrauch kalt stellen.

Hummer:
Hummersud zum Kochen bringen. Einen Hummer in den Hummersud legen und in 3 Minuten glasig garen. Aus dem Sud heben und mind. 3 Minuten vor dem Auslösen ruhen lassen. Zweiten Hummer genauso garen.

Zuerst die Scheren und Gelenke von den Hummern abtrennen, aufbrechen und das Fleisch herauslösen. Die Hummer (Hummerköpfe mit Schwanz) mit einem stabilen, scharfen Küchenmesser der Länge nach halbieren. Den Darm entfernen. Hummerköpfe sorgfältig leeren und mit dem ausgelösten Hummerscheren- und Gelenkfleisch füllen.

Fertigstellung:
Backofen auf 180°C vorheizen.

Die Kräuterbutter in kleinen Flöckchen gleichmäßig über die halben Hummer verteilen. Die Hummerhälften nebeneinander auf ein Backblech oder eine feuerfeste Form legen und im vorgeheizten Backofen in 6 - 8 Minuten fertig garen. Auf vorgewärmten Tellern anrichten und sofort servieren.

KROSSE HUMMERNUDELN
CROUSTILLANTS DE HOMARD

Für 4 Personen

Nudeln:
6 l Hummersud (S. 172)
2 lebende Hummer à 600 g
1 Karotte
120 g Knollensellerie
20 g Butter
feines Meersalz
200 g Nudelteig (S. 175)
Mehl zum Bestäuben

Fertigstellung:
50 g gesalzene Butter, flüssig
ersatzweise ungesalzene Butter mit einer Prise Salz
1 EL Olivenöl
feines Meersalz

Nudeln:
Hummersud zum Kochen bringen. Einen Hummer in den Sud legen und in 5 Minuten halbgar kochen. Aus dem Sud heben und abkühlen lassen. Zweiten Hummer genauso garen. Scheren, Gelenke und die Hummerschwänze von den Hummern trennen. Scheren und Gelenke vorsichtig mit dem Rücken eines großen Küchenmessers aufschlagen und das Fleisch herauslösen. Die Hummerschwänze der Länge nach mit einem stabilen Küchenmesser halbieren. Das Fleisch herausheben und den Darm entfernen. Gelenk- und Schwanzfleisch in mundgerechte Stücke schneiden. Die Hummerscheren ganz lassen.

Karotte und Sellerie schälen, erst in Scheiben, dann in Streifen und anschließend in möglichst kleine Würfel schneiden. Würfel in einem kleinem Topf bei milder Hitze in der Butter mit 1 EL Wasser in 3 - 4 Minuten bissfest garen. Leicht salzen. Arbeitsplatte mit etwas Mehl bestäuben. Den Nudelteig vierteln und die Teigstücke nacheinander mit Hilfe einer Nudelmaschine zu möglichst dünnen Teigbahnen (15 cm Breite x 35 cm Länge) ausrollen, dafür die Nudelbahnen mehrmals durch die letzte Stufe der Maschine durchlaufen lassen. Die Nudeln in reichlich siedendem Salzwasser in 1 - 2 Minuten gar kochen, in kaltem Salzwasser abschrecken, abgießen und nebeneinander auf einem Küchentuch ausbreiten. Die Oberfläche trockentupfen.

Fertigstellung:
Backofen auf 220°C vorheizen. Die Hummerstückchen mit den Gemüsewürfeln mischen und jeweils ein Viertel der Masse im unteren Drittel entlang einer Nudellängsseite verteilen. Den unteren Rand über die Füllung schlagen, die Nudelblätter wie einen Strudel aufrollen, aber am Schluss einen Rand von 2 cm lassen. Die Nudelrolle zu einer Schnecke zusammenrollen. Die Nudeln mit dem Rand nach oben, locker nebeneinander in eine leicht gebutterte Auflaufform setzen und rundherum, vor allem den Rand, mit der Butter einpinseln. Die Nudeln im vorgeheizten Backofen in 6 Minuten goldbraun backen.

In der Zwischenzeit die Hummerscheren in etwas Olivenöl von beiden Seiten sanft anbraten und leicht salzen. Jeweils eine Nudel mit Hilfe einer Palette aus der Form heben und auf einen vorgewärmten Teller setzen. Je eine Hummerschere daneben legen und servieren. Zu den Hummernudeln passt sehr gut die Gewürzsauce von S. 90.

WILDLACHS MIT KARTOFFELN UND BASILIKUMBUTTER

PAVÉS DE SAUMON SAUVAGE AU BEURRE DE BASILIC

Für 4 Personen

Kartoffeln:
16 kleine festkochende Kartoffeln
(z.B. Nicola)
feines Meersalz
30 g Butter
Pfeffer aus der Mühle

Fisch:
4 flache Wildlachssteaks ohne
Haut und Gräten, à 140 g
feines Meersalz
Pfeffer aus der Mühle
2 EL Olivenöl

Basilikumbutter:
1 Schalotte
1/2 Zitrone
70 - 80 g kalte Butterstückchen
feines Meersalz
10 große Basilikumblätter

Zum Anrichten:
Kerbelblättchen oder Dillzweige

Kartoffeln:
Kartoffeln waschen und mit der Schale in Salzwasser weich kochen, abgießen und ausdampfen lassen. Längs halbieren und mit der Butter in einer Pfanne von allen Seiten goldbraun anbraten. Salzen und pfeffern.

Fisch:
Lachssteaks rechteckig zuschneiden, salzen und pfeffern und in einer Pfanne bei mittlerer Hitze im Öl - Hautseite zuerst - 3 Minuten anbraten. Die Fischstücke wenden, noch 1 - 2 Minuten weiterbraten, die Pfanne vom Herd nehmen und den Lachs darin noch glasig durchziehen lassen.

Basilikumbutter:
Schalotte schälen, halbieren, in sehr kleine Würfel schneiden und in einem kleinen Topf mit 100 ml Wasser zum Kochen bringen. Auf die Hälfte einkochen, Zitrone auspressen, den Saft dazugeben und erhitzen. 70 - 80 g der Butter in kleinen Stückchen unter Schwenken in die Sauce schmelzen lassen, so dass sie leicht gebunden wird. Leicht salzen. Basilikumblätter waschen, trocknen, in hauchdünne Streifen schneiden und zum Schluss in die Sauce geben.

Zum Anrichten:
Lachsstücke und Kartoffeln auf 4 vorgewärmte Teller aufteilen, mit der Basilikumbutter umgießen und mit Kerbelblättchen garnieren.

SEEZUNGENFILETS MIT FLUSSKREBSEN UND FRISCHEN NUDELN

FILETS DE SOLES, ÉCREVISSES ET PÂTES FRAÎCHES

Für 4 Personen

Nudeln:

200 g Nudelteig (S. 175)
Mehl zum Bestäuben
2 junge Lauchstangen

Flusskrebse:

3 l Hummersud (S. 172)
12 lebende Flusskrebse
(beim Fischhändler vorbestellen)

Seezungen:

8 Seezungenfilets à 60 bis 70 g
feines Meersalz
20 g Butter
80 ml Champagner oder guter Sekt
4 cl trockener Sherry
(Tio pepe)
100 ml Geflügelfond (S. 172)
30 - 40 g kalte Butterstückchen

Zum Anrichten:

30 g Butter
feines Meersalz
2 EL fein geschnittene
Schnittlauchröllchen

Nudeln:

Arbeitsplatte mit etwas Mehl bestäuben. Nudelteig portionsweise mit Hilfe einer Nudelmaschine in dünne, aber nicht zu dünne Teigbahnen ausrollen. Bahnen in 25 - 30 cm lange Stücke schneiden und mit dem entsprechenden Nudelaufsatz Linguine oder Spaghetti herstellen. Bis zum Gebrauch locker auf ein mit Mehl bestäubtes Brett oder Tablett legen.

Lauchstangen putzen, halbieren, waschen und trockenschütteln. In 4 - 5 cm lange Stücke schneiden und diese anschließend in möglichst dünne Streifen schneiden.

Flusskrebse:

Hummersud zum Kochen bringen. Die Krebse 2 - 3 Minuten im siedenden Sud garen und in kaltem Wasser abschrecken. Die Krebsschwänze vom Körper trennen, schälen und den Darm entfernen. Die Scheren aus den Schalen brechen und das Krebsfleisch bis zum weiteren Gebrauch bedeckt aufbewahren.

Seezungen:

Seezungenfilets zwischen zwei Lagen Frischhaltefolie etwas flachklopfen, aus der Folie nehmen, salzen und nebeneinander in einer großen Pfanne bei mittlerer Hitze in 20 g Butter von beiden Seiten in insgesamt 3 - 4 Minuten, ohne Farbe annehmen zu lassen, sanft braten. Mit einer Palette aus der Pfanne nehmen und auf einen vorgewärmten Teller legen. Warm halten.

Den Bratensatz mit Champagner ablöschen, sirupartig einreduzieren lassen, Sherry und Geflügelfond dazugeben, etwas einkochen lassen und die kalten Butterstückchen unter Schwenken hineinschmelzen lassen. Mit Salz abschmecken.

Zum Anrichten:

In der Zwischenzeit die Nudeln und den Lauch zusammen in reichlich kochendem Salzwasser bissfest kochen, über einer Schüssel durch ein Sieb abgießen. Ein paar EL Nudelwasser in eine Pfanne oder einen flachen Topf geben, 20 g Butter hineinschmelzen lassen und die Nudel - Lauchmischung darin schwenken. Mit Salz abschmecken.

Flusskrebse in den restlichen 10 g Butter in einer Pfanne bei milder Hitze erwärmen und leicht salzen. Schnittlauch in die Sauce rühren. Ein Viertel der Nudeln mit Hilfe einer Fleischgabel zu einer länglichen Rolle aufrollen und in die Mitte eines vorgewärmten Tellers legen. 2 Seezungenfilets seitlich an die Nudeln legen, und mit Schnittlauchsauce überziehen. 3 Flusskrebsschwänze und Scheren zwischen die Filets legen. Die restlichen 3 Teller ebenso anrichten und servieren.

GESCHMORTE STEINBUTTSCHEIBEN MIT PFIFFERLINGEN

CÔTES DE TURBOT EN COCOTTE AUX GIROLLES

Für 2 Personen

Fond de Jacqueline:
1 Karotte · 1 Zwiebel
1/2 Fenchelknolle
1 Stange Lauch
(nur der weiße Teil)
2 Stangen Staudensellerie
20 g Butter
1/8 l Champagner oder guter Sekt
1 1/2 l Geflügelfond (S. 172)
1 Zweig Thymian
1 Knoblauchzehe

Garnitur:
6 möglichst kleine, runde Kartoffeln
Meersalz · 2 EL Olivenöl

Steinbutt:
1 Schalotte
200 g kleine Pfifferlinge
2 Steinbuttscheiben mit Mittelgräte, von 3 - 4 cm Dicke à 300 g
feines Meersalz
Pfeffer aus der Mühle
3 - 4 EL Olivenöl · 1 Knoblauchzehe
1/8 l Champagner
100 ml Fischfond (S. 171)
1/4 l Fond de Jacqueline
2 - 4 cl trockener Sherry
1 - 2 EL glatte Petersilie, grob gehackt

Zum Anrichten:
Fleur de Sel
grob gemahlener schwarzer Pfeffer

Fond de Jacqueline:
Gemüse putzen, schälen, waschen, ganz fein schneiden und in einem großen Topf in der Butter 4 - 5 Minuten anschwitzen. Mit Champagner ablöschen, sirupartig einkochen lassen und mit Geflügelfond aufgießen. Thymian und Knoblauch einlegen. Das Ganze gute 2 Stunden bei milder Hitze köcheln lassen. Durch ein Sieb passieren, dabei das Gemüse gut ausdrücken. Den Fond auf 1/3 einkochen lassen und bis zum Gebrauch kalt stellen.

Garnitur:
Kartoffeln waschen und in der Schale in reichlich Salzwasser oder auf Dampf weichkochen. Ausdampfen lassen und mit einem breiten Messerrücken auf 1 cm Dicke flachdrücken. In einer Pfanne die angedrückten Kartoffeln im Öl bei mittlerer Hitze von beiden Seiten goldbraun anbraten.

Steinbutt:
Schalotte schälen, halbieren und ganz fein würfeln. Pfifferlinge putzen, ggf. waschen, trocknen und je nach Größe halbieren oder vierteln.

Steinbuttscheiben salzen und pfeffern und in einem Topf mit dickem Boden oder einer Kokotte aus Gusseisen in 2 EL Olivenöl von beiden Seiten gut anbraten. Knoblauchzehe beim Braten dazugeben. Steinbutt aus der Kokotte nehmen und das Fett abgießen. Den Bratensatz mit Champagner ablöschen, sirupartig einreduzieren, Fischfond hinzufügen und fast vollständig einkochen lassen. Mit dem Fond de Jacqueline aufgießen, Steinbutt wieder einlegen und das Ganze bedeckt bei milder Hitze 10 Minuten schmoren lassen.

Pfifferlinge mit den Schalotten in einer heißen Pfanne bei mittlerer Hitze im restlichen Olivenöl 1 - 2 Minuten anbraten. Leicht salzen. Den Deckel entfernen, Pfifferlinge dazugeben und noch 5 Minuten weiterschmoren lassen. Zum Schluss den Sud mit Salz, Pfeffer und Sherry abschmecken und mit Petersilie bestreuen.

Zum Anrichten:
Steinbuttscheiben aus der Kokotte heben und zusammen mit etwas Pfifferlingen und dem Sud auf 2 vorgewärmten Tellern anrichten. Kartoffeln mit Fleur de Sel und Pfeffer bestreuen und jeweils drei Stück neben die Steinbuttscheiben setzen. Eventuell mit Kerbel garnieren und servieren.

WOLFSBARSCH IN DER SALZKRUSTE MIT FENCHELSAUCE

LOUP DE MER EN CROÛTE DE SEL, SAUCE FENOUIL

Für 2 Personen

Fisch:
1 mittelgroßer schöner Wolfsbarsch, ausgenommen und entschuppt (ca. 600 - 700 g)
4 ZweigeThymian
1,5 - 2 kg grobes Meersalz (je nach Fischgröße)

Sauce:
ca. 300 - 350 ml (reicht für 3 - 4 Personen)
1 mittelgroße Fenchelknolle
2 Schalotten
40 g Butter
1 kleiner frischer Thymianzweig
ein paar Fenchelsamen
100 ml trockener Weißwein
4 cl trockener Wermut (Noilly Prat)
400 ml Fischfond (S. 171)
100 g Sahne
100 ml Milch
feines Meersalz
Pfeffer aus der Mühle
ein paar Tropfen Zitronensaft

Fisch:

Backofen auf 200°C vorheizen. Die Kiemen vom Wolfsbarsch entfernen. Den Fisch unter fließendem Wasser kurz abspülen, mit Küchenpapier trockentupfen und die Thymianzweige in die Bauchhöhle legen.

Meersalz mit soviel Wasser (ca. 200 ml) mischen, dass es gerade feucht ist. Ein viertel der Salzmischung auf ein mit Backpapier ausgelegtes Backblech zu einem, der Fischgröße entsprechend großen, knapp 1 cm hohen Sockel formen. Den Fisch darauf legen und großzügig mit dem restlichen Salz bedecken.

Im vorgeheizten Backofen gute 15 - 20 Minuten backen, bis der Fisch innen heiß ist, bzw. die gewünschte Gartemperatur von 55 bis 60 ° C erreicht hat. Zur genauen Überprüfung der Gartemperatur kann man nach 15 Minuten ein Fleischthermometer durch die Salzkruste in den Fisch stecken. Den Wolfsbarsch aus dem Ofen nehmen. 5 Minuten ruhen lassen, die Salzkruste mit einem großen Küchenmesser aufschlagen und den Fisch zum Filetieren vorsichtig aus der Salzkruste lösen und auf eine vorgewärmte Platte heben.

Sauce:

Fenchel putzen, vierteln, entstrunken und in feine Scheiben schneiden. Schalotten schälen, halbieren und klein schneiden. Fenchel und Schalotten in 20 g Butter in einem kleinen Topf bei milder Hitze einige Minuten anschwitzen. Mit Weißwein und Noilly Prat ablöschen und fast vollständig reduzieren lassen. Mit Fischfond aufgießen, Thymian und Fenchelsamen einlegen und den Fond auf knapp die Hälfte einkochen, Sahne und Milch zugeben und noch weitere 5 Minuten sanft köcheln lassen. Durch ein Sieb passieren, mit einem Stabmixer schaumig aufschlagen und die restliche Butter hineinschmelzen lassen. Mit Salz, Pfeffer und ein paar Tropfen Zitronensaft abschmecken.

Zum Anrichten:

Zum Filetieren die obere Haut des Fisches entfernen. Das Filet vorsichtig von der Gräte ablösen und auf einen vorgewärmten Teller legen. Die Mittelgräte vom Schwanz des Fisches aus mit einer Gabel abheben, dabei das untere Filet mit einem Löffel von der Gräte lösen und anschließend aus der Haut heben. Ebenfalls auf einen vorgewärmten Teller legen. Fenchelsauce separat dazu reichen.

GRATINIERTE HECHTSOUFFLEES MIT GEWÜRZSAUCE

SOUFFLÉS DE BROCHET GRATINÉS, SAUCE AUX ÉPICES

Für 4 Personen

Hechtmousse:

350 g frisches Hechtfilet, ohne Haut und Gräten
3 Scheiben Toastbrot
50 ml Milch
250 g eiskalte Sahne · 1 Ei
20 g weiche Butter
feines Meersalz
grobes Meersalz für das Eisbad
weiche Butter zum Einfetten

Sauce:

1 Schalotte · 1 kleine Karotte
100 g Knollensellerie
2 EL Olivenöl
1/2 TL Tomatenmark
4 cl Cognac · 6 cl Madeira
3/4 l Krabbenjus (S. 171)
1 Msp. Curry
2 Knoblauchzehen, halbiert und angedrückt
2 EL Estragonblätter, grob geschnitten
1 Streifen unbehandelte Orangenschale
60 g kalte Butterstückchen
6 Safranfäden
feines Meersalz
Cayennepfeffer
3 EL geschlagene Sahne

Gratiniermasse:

2 Eigelb · 100 g Sahne
40 g frisch geriebener Parmesankäse

Hechtmousse:

Hechtfilet waschen, trocknen, in Würfel schneiden und bedeckt kühl stellen. Toastbrot entrinden, 40 g vom Toastbrot abwiegen, in grobe Stücke brechen und in der Milch einweichen. Kalt stellen. Hechtfleisch in einem Mixer oder Cutter (Gefäß vorkühlen) ganz fein hacken, Brot gut ausdrücken, dazugeben und mixen. Nach und nach die Sahne zugießen, dabei die Fischmischung immer wieder gut durchmixen, bis eine glatte Paste entsteht. Zum Schluss Ei und Butter in die Fischfarce einarbeiten und die Farce durch ein feines Sieb (Mehlsieb) streichen.

Einen kleinen Schlagkessel auf ein Eisbad setzen. Dafür eine größere Schüssel zur Hälfte mit Eis füllen, eine gute Handvoll grobes Salz dazugeben und mit soviel kaltem Wasser auffüllen, dass die Eiswürfel gerade schwimmen. In den Schlagkessel 2 EL Farce und 1/2 TL feines Meersalz geben und mit einem stabilen Löffel kräftig miteinander verrühren. Esslöffelweise die restliche Fisch - Sahne - Mischung hinzufügen, bei jeder Zugabe die Masse immer wieder kräftig schlagen, bis sie gebunden, glatt und glänzend ist. Evtl. noch mit Salz abschmecken.

Etwas Wasser in einem Dampfkochtopf mit passendem Einsatz zum Köcheln bringen. 4 Souffleeförmchen (Fassungsvermögen 150 ml) großzügig mit Butter einpinseln. Zu 2/3 voll mit Hechtfarce füllen, die Oberfläche glattstreichen und bedeckt gute 15 - 18 Minuten gar dämpfen. Abkühlen lassen und aus den Förmchen in eine gebutterte Auflaufform stürzen.

Sauce:

Schalotte, Karotte und Knollensellerie schälen, ganz fein schneiden und in einem Topf im Olivenöl einige Minuten anschwitzen. Tomatenmark hinzufügen, kurz mitrösten lassen und mit Cognac und Madeira ablöschen, flambieren und vollkommen einkochen lassen. Mit Krabbenjus aufgießen. Curry, Knoblauch, Estragon und Orangenschale hinzufügen, die Sauce auf 1/3 einkochen lassen und durch ein Sieb passieren, dabei das Gemüse gut ausdrücken. Butter mit einem Stabmixer in die Sauce mixen, Safranfäden einlegen, die Sauce mit Salz und Cayenne abschmecken und zum Schluss die Sahne unterheben.

Gratiniermasse und Fertigstellung:

Backofen auf 180°C vorheizen. Eigelb mit Sahne und Parmesan glattrühren. Die gestürzten Hechtsoufflées rundherum mit der Gratiniermasse einstreichen und im vorgeheizten Backofen 6 - 8 Minuten backen, bis sie aufgegangen und goldbraun sind. Die Soufflees mit einer Palette aus der Form heben und mit der Sauce auf vorgewärmten Tellern anrichten. Evtl. mit Kerbelblättchen garnieren.

MIESMUSCHELN MIT POMMES FRITES
«MOULES FRITES»

Für 4 Personen

Muscheln:
4 kg Miesmuscheln (Bouchot)
1 Karotte
80 g Knollensellerie
1 Stange Staudensellerie
1 Stange Lauch
(nur der weiße Teil)
feines Meersalz
60 g Butter
1/2 l Weißwein
200 g Sahne
Pfeffer aus der Mühle

Pommes frites:
1 kg große Kartoffeln
(mehlig kochend)
Öl zum Frittieren

Fertigstellung:
feines Meersalz
1/2 TL Estragonblätter,
fein geschnitten
2 EL frisch geschnittene
Schnittlauchröllchen

Muscheln:
Muscheln gründlich in eiskaltem Wasser waschen, abbürsten und den Bart entfernen. Geöffnete Exemplare dabei aussortieren.

Karotte und Knollensellerie schälen, erst in dünne Scheiben, dann in Streifen und anschließend in möglichst kleine Würfel schneiden. Staudensellerie und Lauch putzen, waschen, trocknen und ebenfalls in sehr kleine Würfel schneiden. Die Gemüsewürfel in einem großen Topf bei milder Hitze in 20 g Butter 3 - 4 Minuten bissfest anschwitzen. Mit Weißwein ablöschen, aufkochen lassen und die Muscheln dazugeben. Muscheln bedeckt 4 - 5 Minuten garen, bis sie sich öffnen. Dabei 2 mal gut umrühren, damit die Muscheln gleichmäßig gar werden. Mit einer Schaumkelle aus dem Topf heben und geschlossene Muscheln dabei entfernen.

Den Muschelsud auf die Hälfte einkochen, Sahne dazugeben, 1 Minute weiterkochen und die restliche Butter in kleinen Stückchen in die Sauce schmelzen lassen. Mit Salz und Pfeffer abschmecken.

Pommes frites:
Reichlich Öl in einer Fritteuse oder ersatzweise einem großen Topf auf 160° - 170°C erhitzen. Kartoffeln schälen, in 1 cm breite und 7 cm lange Stäbchen schneiden. Die Kartoffelstäbchen in kaltem Wasser waschen, abtropfen lassen und mit einem Küchentuch sorgfältig trocknen. Die Stäbchen im heißen Öl portionsweise 6 - 7 Minuten frittieren bzw. blanchieren, bis die Pommes frites weich sind, aber noch keine Farbe angenommen haben. Dabei die Kartoffeln ab und zu bewegen, damit sie nicht aneinander haften. Mit einer Schaumkelle aus dem Öl heben und auf Küchenpapier abtropfen lassen.

Fertigstellung:
Kurz vorm Servieren das Öl auf 190°C erhitzen und die Kartoffeln ein zweites Mal, in kleinen Portionen, in 1 - 2 Minuten goldbraun und knusprig frittieren. Die fertigen Pommes frites aus dem Öl nehmen, kurz auf Küchenpapier abtropfen lassen und leicht salzen.

Muschelsud erhitzen, Muscheln dazugeben und darin erwärmen. Mit Estragon und Schnittlauch bestreuen, gut umrühren und in eine große, vorgewärmte Schale oder vier tiefe Teller füllen bzw. aufteilen. Die Pommes frites separat dazu reichen.

FLEISCH UND GEFLÜGEL
VIANDES ET VOLAILLES

LAMMRÜCKEN IN KARTOFFELKRUSTE „BOCUSE D'OR"

SELLE D'AGNEAU EN CROÛTE DE POMMES DE TERRE «BOCUSE D'OR»

Für 4 Personen

Lamm:

400 - 500 g Lammrücken, ausgelöst und geputzt
Salz
Pfeffer aus der Mühle
50 g frisch geriebenes Weißbrot (Semmelbrösel)
800 g fest kochende Kartoffeln
Öl zum Braten
2 - 3 EL glatte Petersilie, grob gehackt

Sauce:

1/2 l Lammfond (S. 173)
1 Zweig Rosmarin
50 g kalte Butterstückchen
feines Meersalz

Lamm:

Lammrücken in zwei gleichgroße Stücke von 20 cm Länge schneiden, mit Küchenpapier trocknen, salzen und pfeffern und rundherum in den Weißbrotbröseln wenden. Überschüssige Weißbrotbrösel abklopfen.

Kartoffeln schälen, waschen, zu feinen Streifen hobeln, gut ausdrücken und noch zwischen zwei Lagen Küchenpapier trocknen. Eine große, beschichtete Pfanne erhitzen, 3 EL Öl dazugeben und die Hälfte der Kartoffeln einstreuen, so dass ein 0,5 cm dünner und 24 cm großer Kartoffelpfannkuchen entsteht. Den Kuchen von einer Seite goldbraun backen, dabei darauf achten, dass kein Öl an die Oberfläche kommt. Den einseitig gebratenen Kartoffelkuchen mit der gebratenen Seite nach unten auf ein Küchentuch gleiten lassen und mit der Hälfte der Petersilie bestreuen. Mit den restlichen Kartoffeln einen zweiten Kuchen backen.

Backofen auf 220°C vorheizen.

Jeweils ein Lammstück auf das untere Drittel eines Pfannkuchens legen und mit Hilfe des Küchentuches darin einrollen. Die Kartoffeln gut an das Fleisch, und die seitlichen Enden aneinander drücken. Lammrücken mit etwas Abstand nebeneinander auf ein Gitter mit untergelegtem Backblech legen und im vorgeheizten Backofen in 15 Minuten rosa garen.

Sauce:

Lammfond mit dem Rosmarinzweig um die Hälfte einkochen lassen, Rosmarinzweig entfernen und kurz vorm Servieren die Butter in kleinen Stückchen unter Schwenken in die Sauce schmelzen lassen, so dass sie leicht gebunden wird. Mit Salz abschmecken.

Zum Anrichten:

Lammrücken aus dem Ofen nehmen und sofort in jeweils 4 Stücke schneiden. Pro Person je 2 Stücke auf vorgewärmten Tellern anrichten, mit der Sauce umgießen und servieren.

MAILÄNDER SCHNITZEL

ESCALOPE DE VEAU MILANAISE

Für 4 Personen

Schnitzel:
2 Eier
feines Meersalz
Pfeffer aus der Mühle
8 dünne Kalbsschnitzel (aus dem Rücken), à 60 g
60 - 80 g Mehl
150 g frisch geriebenes Weißbrot (Semmelbrösel)
50 g frisch geriebener Parmesankäse
ca. 100 g geklärte Butter (S. 169)
40 g Butter

Zum Anrichten:
1/2 unbehandelte Zitrone

Schnitzel:
Eier mit 1 EL Wasser verquirlen, leicht salzen und pfeffern und in einen tiefen Teller füllen. Schnitzel mit einem Küchentuch trockentupfen und zwischen zwei Lagen Frischhaltefolie mit einem Schnitzelklopfer etwas flach klopfen. Von beiden Seiten salzen und pfeffern. Mehl auf einen Teller geben. Weißbrot und Parmesan gut vermischen und ebenfalls auf einen Teller füllen. Schnitzel nacheinander zuerst im Mehl wenden, dabei das überschüssige Mehl abklopfen, dann durch die Eier ziehen. Zum Schluss in der Brösel - Parmesan - Mischung wenden, die Mischung dabei nicht zu fest andrücken.

Reichlich geklärte Butter in einer großen Pfanne bei mittlerer Temperatur erhitzen. Die panierten Schnitzel einlegen, etwas mit einer Gabel anheben, damit sich die Butter gut verteilen kann und zuerst auf einer Seite goldgelb backen. Dann wenden, die frische Butter dazugeben und die Schnitzel fertig braten.

Zum Anrichten:
Die Schnitzel aus der Pfanne nehmen, kurz auf Küchenpapier abtropfen lassen, leicht salzen und mit Zitronenspalten servieren. Dazu passt gut ein kleiner Rucolasalat.

KALBSSTEAKS MIT FRITTIERTEN SALBEIBLÄTTERN

PAVÉS DE VEAU AUX FEUILLES DE SAUGE FRITES

Für 4 Personen

frittierte Salbeiblätter:
Öl zum Frittieren
20 schöne Salbeiblätter
feines Meersalz

Steaks:
4 schöne Steaks aus dem Kalbsrücken, ca. 3 - 4 cm dick à 180 g
feines Meersalz
Pfeffer aus der Mühle
50 g Butter
1 Knoblauchzehe in der Schale
4 frische Salbeiblätter

Kalbsjus:
80 ml Marsala (sizilianischer Süßwein)
600 ml Kalbsfond (S. 173)
15 g Butter
feines Meersalz
Pfeffer aus der Mühle

Zum Anrichten:
4 - 5 EL Erbsenpüree (S. 122)

Salbeiblätter:
Reichlich Öl in einer Fritteuse oder einer großen Pfanne auf 160 - 170°C erhitzen. Salbeiblätter waschen, sorgfältig trocknen und nacheinander im heißen Fett 20 Sekunden frittieren (Achtung: Spritzgefahr!). Die Blätter sollten dann kross, aber noch grün sein. Mit einer Schaumkelle aus dem Öl nehmen und sofort zwischen zwei Lagen Küchenpapier plätten, damit sie schön flach bleiben.

Steaks:
Kalbssteaks leicht flachdrücken, salzen und pfeffern und in einer Pfanne mit dickem Boden oder einer großen Kokotte aus Gusseisen 50 g Butter zum Schäumen bringen. Sobald die Butter aufhört zu schäumen, die Kalbssteaks einlegen. Erst von einer Seite in 5 - 7 Minuten goldbraun braten bzw. leicht karamellisieren lassen, wenden, Knoblauch dazugeben, je ein Salbeiblatt auf ein Steak legen und in weiteren 4 - 5 Minuten rosa braten. Dabei das Fleisch immer wieder mit Butter begießen. Steaks und Knoblauch aus der Pfanne nehmen und auf einem Gitter, bei 50°C im Ofen warm halten.

Kalbsjus:
Das Bratfett aus der Pfanne gießen und beiseite stellen. Den Bratensatz mit Marsala ablöschen und sirupartig reduzieren lassen. Den Kalbsfond dazugeben und diesen auf 1/3 einkochen (kann auch schon vorher separat reduziert werden). Den Jus durch ein feines Sieb gießen und sowohl die aufgefangene Butter wie auch die rohe Butter hineingeben und schmelzen lassen. Mit Salz und Pfeffer abschmecken.

Zum Anrichten:
Erbsenpüree bei milder Hitze in einem kleinen Topf erwärmen. Kalbssteaks auf 4 vorgewärmten Tellern anrichten, je einen EL Erbsenpüree darauf geben, jeweils drei Salbeiblätter in das Püree stecken und das Fleisch mit dem Kalbsjus umgießen. Zu den Kalbssteaks passen gut blanchierte, in Butter geschwenkte Zuckerschoten und Eiszapfen (weiße, längliche Radieschen).

KALBSBRIESSPIESSE MIT BUTTERCROÛTONS

BROCHETTES DE RIS DE VEAU AUX CROÛTONS BEURRÉS

Für 4 Personen

Kalbsbries
(1 Tag im Voraus zubereiten)
4 längliche Kalbsbriesstücke
à 150 g, geputzt
feines Meersalz
Pfeffer aus der Mühle
4 lange Holzspieße

Sauce:
2 Schalotten
3 - 4 kleinere Champignons
50 g Butter
feines Meersalz
4 cl Balsamicoessig
2 cl Sherryessig
200 ml roter Portwein
1/4 l Kalbsfond (S. 173)
1/4 l Geflügelfond (S. 172)

Croûtons:
6 Scheiben Toastbrot
100 g geklärte Butter (S. 169)

Kalbsbries:

Kalbsbries mehrere Stunden - am besten über Nacht - in kaltem Wasser wässern, dabei das Wasser öfter wechseln, bis es klar bleibt. Aus dem Wasser nehmen, trockentupfen, häuten und zu einem 4 - 5 cm dicken Streifen zurechtschneiden. Salzen und pfeffern und jedes Stück einzeln so in eine Lage Frischhaltefolie wickeln bzw. einrollen, dass eine Wurst von 2 cm Dicke und 12 cm Länge entsteht. Die Enden gut zudrehen und verknoten. Die Kalbsbriesrollen in reichlich kochendes Wasser einlegen, einmal aufkochen lassen, den Topf vom Herd nehmen, die Rollen mit einem Tuch beschweren (damit sie unter der Wasseroberfläche liegen bleiben) und in 10 - 12 Minuten durchgaren. Aus dem Wasser heben und in Eiswasser abkühlen lassen. Die erkalteten Rollen auswickeln, in knapp 1 cm dicke Scheiben schneiden und dicht aneinander auf 4 Holzspieße aufstecken. Bis zum Gebrauch bedeckt kalt stellen.

Sauce:

Schalotten schälen, halbieren und klein würfeln. Champignons putzen, evtl. waschen, trocknen und in dünne Scheiben schneiden. Schalotten und Pilze in einem kleinen Topf in 15 g Butter hellbraun anschwitzen, leicht salzen. Mit den beiden Essigen ablöschen, Portwein dazugeben und sirupartig reduzieren lassen. Mit Kalbs - und Geflügelfond aufgießen, um 1/3 einkochen, durch ein feines Sieb passieren und die restliche Butter in kleinen Stückchen unter Schwenken hineinschmelzen lassen. Mit Salz und Pfeffer abschmecken.

Croûtons:

Croûtons wie auf S. 24 beschrieben herstellen und in eine längliche Form oder Schale füllen.

Fertigstellung:

Die Grillfunktion des Backofens einschalten. Kalbsbriesspieße in der heißen Sauce bei milder Hitze in 8 - 10 Minuten langsam erwärmen (evtl. überstehende Holzenden der Spieße abschneiden), dabei immer wieder mit Sauce begießen. Falls die Sauce zu dickflüssig wird, einfach mit etwas Wasser verdünnen. Die Spieße aus der Sauce nehmen, kurz abtropfen lassen und gut in den Croûtons wenden bzw. rollen. In eine feuerfeste, gefettete Form legen, mit den restlichen Croûtons bestreuen und bei mittlerer Einschubleiste noch kurz unter dem heißen Grill stellen, damit die Croûtons schön knusprig werden. Die Sauce nochmals abschmecken. Die Spieße auf vorgewärmte Teller anrichten und mit der Sauce umgießen.

SPANFERKELROLLBRATEN MIT MAJORANSAUCE

RÔTI DE PORCELET ROULÉ, SAUCE MARJOLAINE

Für 4 Personen

Fleischjus:
(1 Tag im Voraus zubereiten)
1 Karotte · 120 g Sellerie
1 Zwiebel
1 Stange Lauch
Knochen vom Schweinebraten, fein gehackt
ersatzweise 1 kg Kalbsknochen
2 EL Öl
1/2 TL Tomatenmark
1/8 l trockener Weißwein
5 Knoblauchzehen in der Schale
1 Lorbeerblatt
3 Zweige Majoran

Braten:
800 g Spanferkelrücken mit Bauchlappen
feines Meersalz
1/2 TL grob gemahlener schwarzer Pfeffer
2 EL glatte Petersilie, grob gehackt
1 EL Majoranblätter, grob gehackt
Küchengarn (feste Schnur)
30 g weiche Butter
1 EL Olivenöl
1 Zwiebel
8 Knoblauchzehen in der Schale
3 Zweige Thymian
ca. 1/4 l Fleischjus

Fertigstellung:
30 g Butter
feines Meersalz
Pfeffer aus der Mühle
1 EL Majoranblätter, fein geschnitten

Fleischjus:
Gemüse schälen bzw. putzen, waschen und in 2 cm grobe Stücke schneiden. Knochen in einem großen Topf mit 1 EL Öl langsam von allen Seiten dunkelbraun anbraten, Knochen aus dem Topf nehmen, Fett abgießen, Gemüse im restlichen Öl 3 - 4 Minuten anschwitzen, Knochen wieder dazugeben, Tomatenmark hinzufügen, kurz anrösten lassen und mit Weißwein ablöschen. Sirupartig einreduzieren und mit soviel Wasser aufgießen, dass die Knochen und das Gemüse gut bedeckt sind. Knoblauch, Lorbeer und Majoran einlegen und das Ganze 2 Stunden sanft köcheln lassen. Evtl. Wasser nachgießen. Durch ein Sieb passieren, über Nacht im Kühlschrank auskühlen lassen und am nächsten Tag gründlich entfetten.

Braten:
Spanferkelrücken abwaschen und mit einem Küchenpapier trocknen. Das Schweinefleisch auf der Innenseite salzen und mit dem schwarzen Pfeffer und den Kräutern bestreuen. Der Breite nach aufrollen, so dass die Schwartenseite außen ist. Alle 2 cm mit einem Küchengarn festbinden, damit der Braten eine schöne Form bekommt.
Die Außenseite mit weicher Butter einpinseln und ebenfalls salzen. Backofen auf 220°C vorheizen. Einen Bräter einölen. Zwiebel schälen und vierteln und zusammen mit dem Knoblauch und den Thymianzweigen in dem Bräter verteilen. Braten mit der geöffneten Seite nach unten auf das Gemüse legen, Fleischjus angießen und das Ganze im vorgeheizten Backofen 1 - 1 1/2 Stunden garen, bis das Braten innen heiß und die Schwarte schön kross ist (der Braten ist fertig, wenn der austretende Bratensaft beim Einstechen mit einer Fleischgabel klar bleibt). Während der Bratens das Fleisch mehrmals mit dem Bratensaft gleichmäßig begießen.

Fertigstellung:
Für die Sauce 600 ml Fleischjus abmessen, auf 1/3 einkochen lassen, die Butter in kleinen Stückchen hineinmixen, mit Salz und Pfeffer abschmecken und zum Schluss den Majoran einrühren. Den fertigen Spanferkelbraten aus dem Ofen nehmen, auf ein Gitter legen, 10 Minuten ruhen lassen (am besten im Ofen bei 50°C), das Küchengarn entfernen und den Braten zum Servieren in 2 cm dicke Scheiben schneiden und auf vorgewärmten Tellern anrichten. Die Majoransauce separat dazu reichen.

GEBRATENES RINDERFILET MIT ROTWEINSAUCE

FILET DE BŒUF POÊLÉ, SAUCE AU VIN ROUGE

Für 4 Personen

Zwiebeln:
Öl für die Fritteuse
2 mittelgroße Zwiebeln
1 - 2 EL Mehl, gesiebt
feines Meersalz

Sauce:
4 Schalotten
200 ml kräftiger Rotwein
1 Zweig Thymian
3 - 4 kleine Champignons
50 g Butter
1 Prise Zucker
1/4 l Kalbsfond (S. 173)
1/4 l Geflügelfond (S. 172)
feines Meersalz

Rinderfilet:
4 Rinderfiletsteaks
ca. 4 - 5 cm dick, à 200 g
feines Meersalz
Pfeffer aus der Mühle
60 g Butter

Zum Anrichten:
frittierte Kräuterblätter,
z.B. Petersilie, Salbei, Basilikum
(S. 170)

Zwiebeln:

Das Öl in der Fritteuse auf 160°C erhitzen. Zwiebeln schälen, in 2 mm dünne Scheiben schneiden und in Ringe zerlegen. Nur die schönsten Ringe weiterverwenden. Zwiebelringe mit dem Mehl vermischen, in ein Sieb geben und das überschüssige Mehl abschütteln. Die eingemehlten Zwiebeln portionsweise im heißen Öl goldbraun frittieren, auf Küchenpapier abtropfen lassen und leicht salzen.

Sauce:

Für die Rotweinreduktion 3 Schalotten schälen, in kleine Würfel schneiden und zusammen mit Rotwein und Thymianzweig in einem kleinen Topf zum Kochen bringen. Rotwein fast sirupartig einkochen lassen. Thymianzweig entfernen.

Für die Sauce 1 Schalotte schälen, halbieren und ganz fein würfeln. Pilze putzen, ggf. waschen, trocknen und in feine Scheiben schneiden. Schalotten und Pilze in einem kleinen Topf bei milder Hitze in 15 g Butter mit einer Prise Zucker hellbraun anschwitzen bzw. leicht karamellisieren. Mit Kalbs - und Geflügelfond aufgießen und auf 1/3 einkochen lassen. Rotweinreduktion dazugeben, kurz mitköcheln lassen und die Sauce durch ein feines Sieb passieren. Die restliche Butter in kleinen Stückchen unter Schwenken in die Sauce hineinschmelzen lassen. Mit Salz abschmecken und warm halten.

Rinderfilet:

Rinderfiletsteaks einmal rundherum mit Küchengarn in Form binden und mit der Handfläche etwas flach drücken. Die Butter in einer heißen Pfanne mit dickem Boden aufschäumen lassen. Rinderfilets salzen und pfeffern und, sobald die Butter aufhört zu schäumen, in die Pfanne legen. Steaks leicht anheben, damit die Butter sich darunter verteilen kann und von beiden Seiten in insgesamt 12 - 14 Minuten medium braten. Dabei immer wieder mit einem Löffel die heiße Butter über die Steaks gießen, damit sie gleichmäßig garen und schön braun werden. Die Pfanne vom Herd nehmen und die Rinderfilets noch kurz darin ruhen lassen.

Zum Anrichten:

Die Steaks auf 4 vorgewärmte Teller anrichten, eine schöne Portion Zwiebelringe darauf setzen, die frittierten Kräuterblätter zwischen die Zwiebel stecken und das Ganze mit der Sauce umgießen. Zu den Steaks passt gut das Kartoffelpüree von S. 120.

GEKOCHTES RINDFLEISCH MIT MEERRETTICH - APFEL - SAUCE

POT AU FEU DE BŒUF, SAUCE RAIFORT - POMME

Für 4 - 6 Personen

Fleisch :
800 g Rinderbrust
Meersalz
2 mittelgroße Zwiebeln
2 Nelken
1 Tomate
1 Lorbeerblatt
5 Petersilienstängel
1 Zweig Thymian
1 ca. 20 cm langes Blatt Lauch
4 Knoblauchzehen in der Schale
1 TL schwarze Pfefferkörner
3 mittelgroße Karotten
2 Stangen Lauch
(nur der weiße Teil)
8 Stangen Staudensellerie

Meerrettichsauce:
4 EL Mayonnaise (S. 168)
6 - 8 EL frisch geriebener Meerrettich
4 EL Crème fraîche
1 säuerlicher Apfel (Granny Smith)
feines Meersalz
Pfeffer aus der Mühle
ein paar Tropfen Zitronensaft

Zum Anrichten:
Fleur de Sel
(feinstes, französisches Meersalz)

Fleisch:

Rindfleisch gut abwaschen, trocknen, in einen großen Topf legen, mit soviel Wasser aufgießen (abmessen), dass das Fleisch gut bedeckt ist. Pro Liter Wasser 5 g Salz dazugeben.

1 Zwiebel ungeschält halbieren und die Schnittflächen in einer Pfanne ohne Fett dunkel bräunen. Zweite Zwiebel schälen, halbieren und mit den Nelken spicken. Tomate waschen und klein schneiden. Lorbeerblatt, Petersilienstängel und Thymian in ein Blatt Lauch einschlagen bzw. wickeln und mit einem Küchengarn zu einem Päckchen binden (Bouquet garni). Zwiebeln, Tomate, Knoblauchzehen und Bouquet garni in den Topf geben. Das Ganze zum Kochen bringen und bei milder Hitze 3 1/2 - 4 Stunden mehr ziehen als köcheln lassen, bis das Fleisch weich ist. Den dabei aufsteigenden Schaum gut abschöpfen.

Karotten schälen und schräg in 0,5 cm dicke Scheiben schneiden. Lauch putzen, halbieren, waschen, trockenschütteln und in 5 cm lange Stücke schneiden. Staudensellerie putzen, evtl. schälen und ebenfalls in 5 cm lange Stücke schneiden. Das Gemüse 1 Stunde vor Garzeitende zu dem Rindfleisch dazugeben und weich kochen.

Sauce:

Mayonnaise, Meerrettich und Crème fraîche miteinander glattrühren. Apfel schälen, vierteln, entkernen, fein reiben und mit unter die Sauce mischen. Evtl. noch mit etwas Sahne verdünnen. Mit Salz, Pfeffer und Zitronensaft abschmecken.

Zum Anrichten:

Das fertig gegarte Fleisch, Karotten, Sellerie und Lauch aus der Brühe nehmen. Die Brühe durch ein feines Sieb gießen. Auskühlen lassen und entweder so als Suppe servieren oder als Basis für das Consommé von S. 28 weiterverwenden.

Fleisch zum Servieren in Scheiben schneiden, mit dem Gemüse auf einer vorgewärmten Platte oder auf Tellern anrichten und mit etwas Fleur de Sel bestreuen. Meerrettichsauce separat dazu reichen.

Tipp:

Die Brühe vor Gebrauch über Nacht in den Kühlschrank stellen und am nächsten Morgen das erkaltete Fett entfernen. So ist sie bekömmlicher.

IM OFEN GEGARTE POULARDE, AUF ZWEI MAL SERVIERT

POULARDE AU FOUR EN DEUX SERVICES

Für 2 - 3 Personen

Poularde:
1 Poularde (Masthuhn),
ca. 1,2 - 1,5 kg
ersatzweise ein Bauernhuhn
30 - 40 g weiche Butter
feines Meersalz
Pfeffer aus der Mühle

Erster Service:
1/2 l Geflügelfond (S. 172)
1 Zweig Majoran
80 g Sahne
20 g kalte Butterstückchen
feines Meersalz

Zweiter Service:
80 - 100 g gemischte Salat- und Kräuterblätter (z.B. Rucola, Frisée, Eichblatt, Kerbel, Basilikumblätter, Petersilienblätter, Löwenzahn)
1/2 Menge elegante Vinaigrette (S. 168)

Zum Anrichten:
100 - 120 g frische Tagliatelle (S. 175)
Meersalz
15 g Butter
2 - 3 EL geschlagene Sahne
Fleur de Sel (feinstes, französisches Meersalz)
etwas Petersilienöl (S. 169)

Poularde:
Backofen auf 200°C vorheizen. Poularde kurz unter fließendem Wasser abspülen, trocknen und rundherum mit weicher Butter einstreichen. Außen und innen salzen, pfeffern und mit dem Rücken nach unten auf eingefettetes Backblech legen. Die Poularde im vorgeheizten Backofen in 45 bis 50 Minuten - je nach Gewicht - goldbraun und knusprig braten (die Poularde ist fertig, wenn der Fleischsaft hell rausläuft). Aus dem Ofen nehmen, wenden, mit der Brustseite nach unten auf ein Gitter legen und noch 10 Minuten an einem warmen Ort ruhen lassen.

Für den ersten Service:
Geflügelfond mit dem Majoran zum Kochen bringen und auf 1/3 reduzieren lassen. Majoranzweig entfernen, Sahne hinzufügen, mit einem Stabmixer schaumig aufschlagen und die Butter in kleinen Stückchen hineinmixen. Mit Salz abschmecken.

Für den zweiten Service:
Salatblätter putzen, waschen, trockenschleudern und in mundgerechte Stücke zupfen. Kräuterblätter waschen und trockentupfen. Vinaigrette abschmecken.

Anrichten:
Poularde auslösen. Von den Poulardenbrüsten die Flügel abtrennen, das Brustfleisch je nach Größe in 2 - 3 Portionen schneiden. Keulen am Gelenk halbieren und zusammen mit den Flügeln auf ein Backblech legen.

Die Grillfunktion des Backofens einschalten. Für den ersten Service Nudeln in reichlich kochendem Salzwasser gar kochen, abgießen und zusammen mit 2 - 3 EL Nudelwasser in eine Pfanne geben. Bei mittlerer Hitze Butter hineinschmelzen lassen (evtl. noch frische Trüffelstreifen dazugeben) und durchschwenken. Die Sauce nochmals schaumig mixen und zum Schluss die geschlagene Sahne unterheben. Brustfleisch mit den Nudeln auf vorgewärmten Tellern anrichten, mit der Sauce überziehen und servieren.

Für den zweiten Service, Keulen und Flügel auf der mittleren Einschubleiste unter den heißen Grill schieben und in einigen Minuten schön knusprig werden lassen. In der Zwischenzeit Salat - und Kräuterblätter mit der Vinaigrette mischen, auf Teller aufteilen und rundherum mit etwas Petersilienöl beträufeln.
Die Keulen und Flügel mit Fleur de Sel bestreuen und zum Salat servieren.

GESCHMORTES KANINCHEN MIT WACHOLDER

LAPEREAU BRAISÉ AUX BAIES DE GENIÈVRE

Für 3 - 4 Personen

Kaninchen:

1 junges Kaninchen (ca. 1,5 kg)
feines Meersalz
Pfeffer aus der Mühle
10 g Butter
1 - 2 EL Olivenöl
1 Prise brauner Zucker
Saft einer halben Orange
ca. 3/4 l Geflügelfond (S. 172)
5 - 6 Wachholderbeeren, leicht angedrückt
2 Streifen unbehandelte Orangenschale

Gemüse:

ca. 800 g gemischtes, junges Gemüse der Saison (z.B. zarte Erbsen, Zuckerschoten, Karotten, kleine Zwiebeln, Spinat - oder Mangoldblätter, Saubohnen)
Meersalz
20 g Butter
Pfeffer aus der Mühle

Fertigstellung:

feines Meersalz
Pfeffer aus der Mühle
60 g Butter
50 g Sahne
2 - 3 EL geschlagene Sahne

Kaninchen:

Vom Kaninchen die Vorder - und Hinterläufe abschneiden und am Gelenk in zwei teilen. Bauchlappen vom Rücken abschneiden, jeden Bauchlappen längs in 2 Streifen schneiden und diese zu Knoten binden. Das Rückenfleisch entlang der Knochen auslösen. Knochen grob hacken. Die ausgelösten Rückenfilets beiseite legen.

Schulter - und Keulenstücke und Bauchlappen salzen, pfeffern und zusammen mit den Knochen in einem Schmortopf in Butter und Olivenöl mit einer Prise Zucker von allen Seiten gut anbraten bzw. karamellisieren. Mit Orangensaft ablöschen und soviel Geflügelfond angießen, dass das Fleisch gerade bedeckt ist. Wacholder und Orangenschale einlegen und das Ganze bei milder Hitze bedeckt 1 Stunde schmoren lassen, bis das Fleisch weich ist. Vorder - und Hinterläufe und Knoten aus dem Topf nehmen und den Fond durch ein feines Sieb passieren.

Gemüse:

Gemüse je nach Gemüseart putzen oder schälen, waschen und in mundgerechte Scheiben oder Stücke schneiden. Nacheinander in kochendem Salzwasser bissfest garen, in eiskaltem Salzwasser abschrecken, abgießen, gut abtropfen lassen und ggf. noch zwischen zwei Lagen Küchenpapier trocknen. Das Gemüse vorm Servieren in einer Pfanne bei milder Hitze in der Butter langsam erwärmen und leicht salzen und pfeffern.

Fertigstellung:

Für die Sauce 2/3 des Kaninchenfonds in einem kleinen Topf auf gut die Hälfte einkochen lassen. Sahne dazugeben und 40 g Butter in kleinen Stückchen hineinmixen. Mit Salz und Pfeffer abschmecken. Die geschmorten Kaninchenstücke im restlichen Kaninchenfond erwärmen.

Kaninchenrücken salzen und pfeffern. 20 g Butter in einer Pfanne bei mittlerer Hitze aufschäumen lassen, Kaninchenrücken einlegen und von allen Seiten in 4 - 5 Minuten rosa braten. Die Pfanne vom Herd nehmen, das Fleisch darin noch kurz ruhen lassen und schräg in knapp 1 cm breite Scheiben schneiden.

Zum Anrichten jeweils ein Stück Schulter und Keule, einen Bauchlappenknoten und 2 - 3 Rückenscheiben zusammen mit etwas Gemüse auf vorgewärmten Tellern anrichten. Zum Schluss geschlagene Sahne in die Sauce geben, mit einem Stabmixer schaumig aufschlagen und das Fleisch damit umgießen.

GEMÜSE UND BEILAGEN
LÉGUMES ET GARNITURES

ROTE - BETE - PÜREE UND SEIN SIRUP
PURÉE DE BETTERAVES ROUGES ET SON SIROP

Für 6 - 8 Personen,
als Beilage zu Fleischpasteten
oder zur Entenstopfleberterrine
(S. 40)

Püree:
300 g Rote - Bete
Meersalz
Zucker
50 g Butter
Balsamicoessig zum Abschmecken
1 TL Olivenöl

Salbei:
Öl zum Frittieren
schöne Salbeiblätter
feines Meersalz

Püree:

Rote - Bete schälen (am besten mit Einweghandschuhen, damit die Hände geschont werden), waschen und in 1 - 2 cm große Stücke schneiden. In einen Topf geben, soviel Wasser angießen, bis das Gemüse gerade bedeckt ist. Etwas Salz und eine gute Prise Zucker hinzufügen und die Bete in 45 - 55 Minuten ganz weich kochen. Abgießen, den Kochsud dabei auffangen, Rote - Bete kurz ausdampfen lassen und in einem Mixer glatt pürieren. Butter dazugeben, mixen, mit Salz und Balsamico abschmecken und zum Schluss das Olivenöl untermischen. Das Püree durch ein feines Sieb (Mehlsieb) streichen, abkühlen lassen und zum Anrichten in einen Spritzbeutel mit großer Lochtülle füllen.

Für den Sirup den aufgefangenen Kochsud in einem Topf bei mittlerer Hitze sirupartig einkochen und anschließend abkühlen lassen.

Salbei:

Reichlich Öl in einer Fritteuse oder einer großen Pfanne auf 160 - 170°C erhitzen. Salbeiblätter waschen, sorgfältig trocknen und nacheinander im heißen Fett 20 Sekunden frittieren (Achtung: Spritzgefahr!). Die Blätter sollten dann kross, aber noch grün sein. Mit einer Schaumkelle aus dem Öl nehmen und sofort zwischen zwei Lagen Küchenpapier plätten, damit sie schön flach bleiben.

Zum Anrichten:

Jeweils eine kleine Portionen Püree auf den entsprechenden Teller spritzen und mit einem oder mehreren Salbeiblättern dekorieren. Zusätzlich kann man die Teller noch mit dem Rote - Bete - Sirup beträufeln bzw. verzieren.

MEINE LIEBLINGSKARTOFFELN
MES POMMES DE TERRE PRÉFÉRÉES

Für 4 Personen

Kartoffeln:
800 g mehlige Kartoffeln,
oder Ihre Lieblingskartoffeln
Meersalz
70 - 80 ml extra natives Olivenöl
Fleur de Sel
(feinstes, französisches Meersalz)
2 - 3 EL glatte Petersilie,
grob gehackt

Kartoffeln:
Kartoffeln schälen, waschen und in grobe Stücke schneiden. Etwas Salzwasser in einem Dampfkochtopf mit passendem Einsatz zum Kochen bringen, Kartoffeln auf den Einsatz legen und bedeckt weich dämpfen, bis sie fast zerfallen. In einem Topf mit dickem Boden 2 EL Wasser erhitzen, Kartoffeln, Olivenöl, etwas Fleur de Sel und die Petersilie hineingeben und das Ganze mit einer stabilen Gabel rasch zerdrücken. Abschmecken und servieren.

Tipp:
Je nachdem zu welchem Gericht man die Kartoffeln serviert, kann man natürlich auch Butter anstelle des Olivenöls verwenden.

KARTOFFELPÜREE

PURÉE DE POMMES DE TERRE

Für 4 Personen

Kartoffelpüree:
1 kg fest kochende Kartoffeln
(z.B. Rattes, Nicola,
Bamberger Hörnchen)
Meersalz
300 - 350 ml Milch
140 - 160 g Butter

Kartoffelpüree:
Kartoffeln waschen und mit der Schale in Salzwasser weich kochen. Die Milch erhitzen. Kartoffeln abgießen, schälen und sofort durch eine Kartoffelpresse in einen Topf drücken. Die heiße Milch langsam auf die Kartoffeln geben. Gerade soviel Milch untermischen bis ein relativ festes, glattes Püree entsteht. Anschließend die Hälfte der Butter in kleinen Stückchen mit einem Holzlöffel oder Gummispachtel unter das Püree rühren. Das heiße Püree durch ein feines Sieb (Mehlsieb) streichen, wieder in den Topf füllen und mit Salz abschmecken.

Zum Servieren das Püree unter Rühren bei milder Hitze erwärmen, dabei die restliche Butter in kleinen Stückchen dazugeben und einarbeiten, bis das Püree schön sämig ist. Auf vorgewärmten Tellern oder Schalen anrichten und evtl. mit Kräuterblättern garnieren.

Tipp:
Falls das Püree im Voraus zubereitet ist, am besten mit einer dreifach gefalteten Frischhaltefolie abdecken damit keine Kruste entsteht.

ERBSENPÜREE MIT HASELNUSSÖL

PURÉE DE PETITS POIS À L'HUILE DE NOISETTE

Für 4 Personen

Erbsenpüree:
500 g frische, zarte Erbsen
(ca. 1 - 1,2 kg Erbsenschoten)
Meersalz
Zucker
100 g Sahne
etwas Geflügelfond (S. 172)
50 g kalte Butterstückchen
6 cl gutes Haselnussöl

Erbsenpüree:
Erbsen in kochendem Salzwasser mit einer guten Prise Zucker in 5 Minuten weich garen. Abgießen und zusammen mit der Sahne in einem Mixer glatt pürieren. Evtl. noch etwas Geflügelfond hinzufügen, falls das Püree zu dick ist. Butter dazugeben, mixen und zum Schluss das Öl untermischen.
Mit Salz abschmecken und durch ein feines Sieb (Mehlsieb) streichen. In einem Topf bei milder Hitze unter Rühren erwärmen und in einer vorgewärmten Schüssel anrichten.

WEISSES BOHNENPÜREE
PURÉE DE COCOS BLANCS

Für 6 Personen

Bohnenpüree:
250 g weiße getrocknete Bohnen (Cannellini)
1 l Geflügelfond (S. 172)
1 kleines Lorbeerblatt
3 Petersilienstängel
1 Zweig Thymian
1 ca. 15-20 cm langes Blatt Lauch
1/2 Zwiebel
2 Knoblauchzehen, geschält

Zum Anrichten:
100 g Sahne
60 g Butter
feines Meersalz
extra natives Olivenöl

Bohnenpüree:
Weiße Bohnen mehrmals kalt abwaschen, abtropfen lassen, in einen großen Topf geben, mit Geflügelfond aufgießen und zum Kochen bringen. Lorbeerblatt, Petersilienstängel und Thymian in ein Blatt Lauch einschlagen bzw. wickeln und mit einem Küchengarn zu einem Päckchen (Bouquet garni) binden.
Zwiebel schälen. Knoblauch halbieren und den grünen Keim entfernen. Bouquet garni, Zwiebel und Knoblauch mit zu den Bohnen geben und das Ganze bei milder Hitze 1 Stunde köcheln lassen, bis die Bohnen ganz weich sind (ggf. noch etwas Geflügelfond zugießen).

Gewürze wieder entfernen, Bohnen abgießen und den Sud dabei auffangen. Die Bohnen zusammen mit etwas Sud in einem Mixer möglichst glatt pürieren. Soviel Flüssigkeit zugeben, bis ein geschmeidiges, festeres Püree entstanden ist. Durch ein feines Sieb (Mehlsieb) streichen und wieder in einen Topf füllen.

Zum Anrichten:
Das Püree bei milder Hitze unter Rühren erwärmen. Sahne dazugeben, mischen und die Butter in kleinen Stückchen unterrühren. Das Püree sollte nun schön glatt und cremig sein. Ansonsten noch etwas Sahne hinzufügen. Mit Salz abschmecken, mit etwas Olivenöl beträufeln und servieren.

KARAMELLISIERTE KAROTTEN
CAROTTES CARAMÉLISÉES

Für 4 Personen

Karotten:
1 Bund junge, zarte Karotten
(ca. 10 Stück)
60 - 80 g Butter
feines Meersalz
1 Prise Zucker
2 Knoblauchzehen in der Schale

Zum Anrichten:
Kerbelblättchen

Karotten:
Das Karottengrün und den Stielansatz der Karotten abschneiden. Karotten nur dünn abschaben, waschen und schräg in knapp 1 cm dicke Scheiben schneiden. Reichlich Butter in einer Kokotte oder einem Topf mit dickem Boden bei mittlerer Hitze zum Schäumen bringen, Karotten hinzufügen und mit Salz und einer Prise Zucker würzen. Knoblauchzehen dazugeben und die Karottenscheiben von beiden Seiten bedeckt bei milder Hitze in 15 Minuten langsam hellbraun schmoren bzw. karamellisieren lassen, bis sie schön weich sind. Nach 7 Minuten den Deckel wieder entfernen.

Zum Anrichten:
Die Karotten mit Salz abschmecken, auf vorgewärmten Tellern anrichten und mit Kerbelblättchen garnieren.

WIRSING MIT SPECKSTREIFEN

CHOUX VERT FRISÉ AUX LARDONS

Für 4 Personen

Wirsing:
½ Kopf Wirsing (500 - 600 g)
Meersalz
8 - 10 dünne Scheiben geräucherter, gut durchwachsener Speck (120 g)

Zum Anrichten:
100 ml Geflügelfond (S. 172)
100 g kalte Butterstückchen
feines Meersalz

Wirsing:
Wirsingkopf in einzelne Blätter zerlegen, die dunkelgrünen, äußeren Blätter entfernen. Von den Blättern den Strunk und ggf. die harten Blattrippen herausschneiden. In 3 cm große Quadrate schneiden und in reichlich kochendem Wasser in einigen Minuten bissfest blanchieren. In gesalzenem Eiswasser abschrecken, abgießen, abtropfen lassen, gut mit den Händen ausdrücken und noch zwischen zwei Lagen Küchenpapier trocknen.

Speckscheiben der Breite nach in ganz feine Streifen (Lardons) schneiden und einige Sekunden in kochendem Wasser ohne Salz blanchieren. Abgießen, kalt abspülen, abtropfen lassen und mit Küchenpapier trocknen.

Zum Anrichten:
Geflügelfond in einer Pfanne oder einem breiten Topf erhitzen und etwas einkochen lassen. Bei milder Hitze nach und nach die kalten Butterstückchen unter Schwenken in die Flüssigkeit schmelzen lassen, bis eine sämige Konsistenz erreicht ist. Dabei nicht kochen lassen. Blanchierten Wirsing und Speck dazugeben, in der Sauce erhitzen, mit Salz abschmecken und in vorgewärmten Schalen anrichten.

ARTISCHOCKENGEMÜSE
BARIGOULE D'ARTICHAUTS

Für 4 Personen

Gemüse:
12 kleine Artischocken mit Stiel
Saft einer halben Zitrone
2 Schalotten
4 mittelgroße Karotten
2 EL Olivenöl
feines Meersalz
Pfeffer aus der Mühle
80 ml trockener Weißwein
1/8 l Geflügelfond (S. 172)
1 Zweig Thymian
1 Lorbeerblatt

Zum Anrichten:
10 große Basilikumblätter
feines Meersalz
Pfeffer aus der Mühle
extra natives Olivenöl

Gemüse:
Artischocken putzen. Dafür die äußeren, zähen Hüllenblätter abzupfen, bis die zarten, helleren Blätter zum Vorschein kommen. Die Artischockenblätter knapp 1 cm über dem Boden abschneiden. Die Stiele auf 4 - 5 cm kürzen. Die Artischockenböden von oben nach unten dünn schälen und zum Schluss ggf. noch rundherum in eine gleichmäßige Form schneiden (tournieren). Das Heu mit Hilfe eines Kugelausstechers entfernen. Die Artischocken halbieren und bis zum Gebrauch in Zitronenwasser legen.

Schalotten schälen, halbieren und klein würfeln. Karotten schälen, halbieren, in 3 - 4 cm lange Stücke schneiden und mit einem kleinen Küchenmesser in eine längliche Form schneiden (tournieren). Artischocken aus dem Wasser nehmen und abtropfen lassen. Schalotten, Karotten und Artischocken in einem Topf mit dickem Boden oder einer Kokotte aus Gusseisen im Olivenöl bei milder Hitze 3 - 4 Minuten anschwitzen. Mit Weißwein ablöschen, sirupartig reduzieren lassen und mit soviel Geflügelfond aufgießen, dass das Gemüse gerade bedeckt ist. Thymian und Lorbeer zugeben und das Ganze bedeckt bei milder Hitze ca. 12 Minuten schmoren lassen, bis das Gemüse weich ist. Nach 6 Minuten den Deckel entfernen, damit die Flüssigkeit verdunsten kann. Thymian und Lorbeer wieder entfernen.

Zum Anrichten:
Basilikumblätter der Länge nach in hauchdünne Streifen schneiden. Das Artischockengemüse mit Salz und Pfeffer abschmecken, Basilikum dazugeben und unterrühren. Auf vorgewärmten Tellern anrichten, mit Olivenöl beträufeln und servieren.

WEISSER UND GRÜNER SPARGEL MIT MORCHELN

ASPERGES BLANCHES ET VERTES AUX MORILLES

Für 4 Personen

Spargel:
500 g grüner Spargel, dickere Stangen
600 g weißer Spargel, dickere Stangen (ca. 12 Stück)
1/8 l Geflügelfond (S. 172)
feines Meersalz
Zucker

Morcheln:
300 g frische Morcheln
20 g Butter
4 cl trockener Sherry (Tio Pepe)
100 ml Geflügelfond (S. 172)
feines Meersalz

Zum Anrichten:
60 - 80 g Butter
3 EL geschlagene Sahne

Spargel:
Vom Spargel die holzigen Enden abschneiden, weißen Spargel mit einem Spargelschäler gründlich schälen, grünen Spargel nur im unteren Drittel schälen. Die Stangen dann alle gleichmäßig auf etwa 20 cm Länge kürzen. Die weißen Stangenabschnitte in einem kleinen Topf mit dem Geflügelfond sehr weich kochen, mit einem Stabmixer pürieren, durch ein feines Sieb passieren und mit Salz abschmecken. Sauce beiseite stellen.

Den grünen Spargel in reichlich Salzwasser in ca. 8 Minuten bissfest kochen. In gesalzenem Eiswasser abschrecken, gut abtropfen lassen und auf Küchenpapier legen.

Weißen Spargel 1/4 Stunde vorm Servieren in Salzwasser mit einer guten Prise Zucker in ca. 12 Minuten - je nach Dicke - weich, aber nicht zu weich kochen.

Morcheln:
In der Zwischenzeit die Stiele der Morcheln abschneiden. Die Köpfe mehrmals in kaltem Wasser waschen, damit alle Sandreste entfernt werden, abtropfen lassen, zwischen zwei Lagen Küchenpapier trocknen und je nach Größe halbieren. Butter in einer Pfanne aufschäumen lassen, Morcheln dazugeben, leicht salzen, kurz anschwitzen lassen und mit Sherry ablöschen. Den Geflügelfond dazugießen und das Ganze bei milder Hitze schmoren lassen bis der Fond fast eingekocht ist.

Zum Anrichten:
Grünen Spargel in einer Pfanne mit 30 g Butter erwärmen. Restliche Butter schmelzen. Weißen Spargel aus dem Wasser heben und kurz auf einem Küchentuch abtropfen lassen. Jeweils 3 - 4 grüne und weiße Spargelstangen nebeneinander auf vier vorgewärmte Teller legen. Weiße Stangen mit der Butter einstreichen. Die Spargelsauce erhitzen, geschlagene Sahne unterheben und quer über die Spargelstangen träufeln. Morcheln darüber verteilen und servieren.

NACHSPEISEN UND GEBÄCK

DESSERTS ET PETITS FOURS

„CRÈME BRÛLÉE“ - KARAMELLISIERTE VANILLECREME
CRÈME BRÛLÉE

Für 4 - 6 Personen

Creme:
160 ml Milch
300 g Sahne
80 g Zucker
4 Eigelb
1 Vanilleschote, halbiert

Zum Anrichten:
4 - 6 EL brauner Zucker

Creme:
Milch, Sahne, Zucker und Eigelb gut miteinander vermischen. Vanilleschote mit einem kleinen Messer auskratzen und das Mark mit unter die Sahnemischung rühren. Das Ganze mind. 1 Stunde, am besten über Nacht bedeckt im Kühlschrank ruhen lassen.

Backofen auf 100°C vorheizen.

Die Mischung durch ein feines Sieb gießen und in 4 bis 6 flache, ofenfeste Förmchen oder Schalen aufteilen. Die Cremes im Ofen in 1 Stunde stocken lassen.
Aus dem Ofen nehmen und abkühlen lassen.

Zum Anrichten:
Kurz vorm Servieren die Oberfläche der Cremes gleichmäßig mit braunem Zucker bestreuen und mit Hilfe eines Bunsenbrenners karamellisieren. Sofort servieren.

ROSMARIN-LIMETTEN-EIS MIT MERINGEHAUBE

GLACES MERINGUÉES AU ROMARIN ET CITRON VERT

Für 8 - 10 Personen

Eis:
(für ca. 3/4 l)
8 - 10 Cocktailgläser mit Stiel
(120 ml Fassungsvermögen)
300 g Sahne
400 ml Milch
50 g Rosmarinnadeln
4 unbehandelte Limetten
150 g Zucker

Meringe:
4 Eiweiß (120 g)
250 g Puderzucker, gesiebt

Eis:
Cocktailgläser in den Tiefkühler stellen.

Milch und Sahne zusammen in einem Topf zum Kochen bringen. Den Topf vom Herd nehmen, Rosmarinnadeln einlegen und darin 10 Minuten bedeckt ziehen lassen. In der Zwischenzeit Limetten heiß abwaschen, die Schale dünn abreiben und den Saft auspressen. Die Milch-Sahnemischung durch ein feines Sieb abgießen, Zucker, Limettenabrieb- und saft hineinrühren und das Ganze im Kühlschrank abkühlen lassen.

Die Mischung mit Hilfe einer Eismaschine zu cremigem Eis rühren, in einen Spritzbeutel mit großer Lochtülle füllen und in die vorgekühlten Gläser gleichmäßig einspritzen, dabei oben einen Rand von knapp 1 cm lassen (ersatzweise mit einem Löffel einfüllen). Bis zum Gebrauch in den Tiefkühler stellen.

Meringe:
Eiweiß und Puderzucker in einem Schlagkessel verrühren. Etwas Wasser in einem breiten Topf zum Kochen bringen. Schlagkessel auf den Topf stellen und die Eiweißmischung über dem heißen Wasserdampf unter Rühren mit einem Schneebesen auf 50°C erwärmen. Eiweiß vom Herd nehmen und in einer Küchenmaschine bei höchster Geschwindigkeit 10 Minuten zu einem festen, glänzenden Schnee schlagen. Damit die Meringe schön glatt und homogen wird 10 Minuten bei niedriger Geschwindigkeit weiterschlagen bis die Masse kalt ist.

Fertigstellung:
Die kalte Meringe in einen Spritzbeutel mit einer breiten Tülle mit dreieckiger Einkerbung (ersatzweise Sterntülle) einfüllen und in dekorativen kleinen Bögen auf das Eis spritzen. Die Meringe mit Hilfe eines Bunsenbrenners leicht anbräunen und das Ganze sofort servieren.

GEFÜLLTE ANISMAKRONEN MIT HIMBEERSORBET

MACARONS À L'ANIS FOURRÉS AU SORBET DE FRAMBOISES

Für 4 Personen

Makronen:
(ca. 80 Stück)
285 g Puderzucker, gesiebt
160 g abgezogene,
fein gemahlene Mandeln
10 g frisch gemahlene Anissamen
4 Eiweiß (120 g)

Sorbet:
500 g frische Himbeeren
(ersatzweise tiefgefroren)
100 g Zucker
Saft einer viertel Zitrone
Saft einer halben Orange

Sauce:
100 g Himbeeren
10 g Zucker (1 EL)
Zitronensaft

Zum Anrichten:
150 - 200 g gemischte Beeren
(Himbeeren, Brombeeren,
Heidelbeeren, Erdbeeren)
Minzeblättchen zum Garnieren

Makronen:

Backofen auf 200°C vorheizen. 2 - 3 Backbleche mit Backpapier auslegen. 250 g Puderzucker, Mandeln und gemahlenen Anis zusammen vermischen und durch ein gröberes Sieb sieben. Eiweiß halbsteif aufschlagen, restliche 35 g Puderzucker zufügen und zu einem cremigen, glänzenden Schnee aufschlagen. Die trockenen Zutaten mit einem Schaumlöffel vorsichtig unterheben, bis die Zutaten gut miteinander vermischt sind. In einen Spritzbeutel mit großer Lochtülle einfüllen und kleine Kugeln von 2,5 - 3 cm Durchmesser mit etwas Abstand voneinander auf die ausgelegten Bleche spritzen.

Die Bleche nacheinander in den vorgeheizten Ofen schieben, die Temperatur auf 150°C herunterschalten und die Makronen 12 Minuten - ohne Farbe - backen. Aus dem Ofen nehmen, sofort etwas kaltes Wasser zwischen das Backpapier und das Blech laufen lassen (so lassen sich die Makronen leichter abnehmen). 10 Minuten abkühlen lassen, dann behutsam vom Papier lösen. Restliche Makronen ebenso backen.

24 schöne Makronen beiseite legen. Von den restlichen Makronen jeweils 2 im noch lauwarmen Zustand zusammensetzen und beispielsweise zum Kaffee servieren.

Sorbet:

Himbeeren, Zucker, Zitronen- und Orangensaft zusammen in einem Mixer glatt pürieren, durch ein feines Sieb streichen und mit Hilfe einer Eismaschine zu Sorbet rühren. Fertiges Sorbet in einen Spritzbeutel mit kleiner Lochtülle füllen und bis zum Gebrauch ins Gefrierfach stellen.

Sauce:

Himbeeren, Zucker und ein paar Tropfen Zitronensaft mit einem Stabmixer glatt pürieren und durch ein feines Sieb streichen. Mit Zucker abschmecken.

Fertigstellung:

Beeren verlesen, evtl. waschen und je nach Größe halbieren. Zum Füllen der Makronen jeweils auf eine Makrone reichlich Himbeersorbet aufspritzen und mit einer zweiten Makronenhälfte bedecken. Leicht andrücken und bis zum Anrichten ins Gefrierfach stellen. Restliche Makronen ebenso füllen.

Je 3 Makronen auf einem gekühlten Dessertteller anrichten. Mit den Beeren und einem Minzeblättchen garnieren und zum Schluss mit etwas Himbeersauce rundherum beträufeln.

NOUGATPARFAIT MIT KROKANTBRÖSELN

PARFAIT AU PRALIN ET À LA NOUGATINE

Für 6 - 8 Personen

Parfait:
(1 Tag im Voraus zubereiten)
6 - 8 Souffleeförmchen
(120 - 150 ml Fassungsvermögen)
200 g Zucker
8 Eigelb
100 g Haselnusspaste
geschmolzen
ersatzweise Haselnussnougat,
300 g Sahne

Krokant:
85 g Mandelblättchen
110 g Zucker
Öl zum Einfetten

Parfait:

Souffleeförmchen jeweils mit einem 10 cm hohen Streifen Back- oder Pergamentpapier einschlagen bzw. umwickeln, so dass die Förmchen über ihren Rand hinaus gefüllt werden können. Das Papier mit Küchengarn festbinden oder mit Papierklammern feststecken.

Zucker in einem kleinen Topf mit 8 cl Wasser zum Kochen bringen. Eigelb in einem Schlagkessel mit einem Schneebesen verrühren und den Sirup in einem dünnen Strahl unter ständigem Rühren einlaufen lassen. Die Masse zu einem hellgelben, feinporigen Schaum aufschlagen und solange weiterschlagen, bis sie erkaltet und schön fest ist (geht am besten mit einer Küchenmaschine). Haselnusspaste oder geschmolzenes Nougat mit ein paar EL Eiermasse vermischen und anschließend vorsichtig mit einem Schneebesen unter den restlichen Schaum rühren. Sahne aufschlagen und in 3 Portionen unter die Parfaitmasse heben. In die vorbereiteten Formen füllen und mind. 5 Stunden - am besten über Nacht - im Gefrierschrank fest werden lassen.

Krokant:

Backofen auf 170°C vorheizen.

Mandeln auf ein Backblech verteilen und im Ofen hellbraun rösten. Den Zucker in einem Topf bei mittlerer Temperatur schmelzen und unter ständigem, gleichmäßigem Rühren hellbraun karamellisieren lassen. Mandelblättchen zufügen, bei milder Hitze kurz weiterrühren, auf ein leicht gefettetes Backblech gießen und mit einer geölten Palette dünn verstreichen.

Krokant vollkommen erkalten lassen und in grobe Stücke brechen. Krokantstücke in einem Mixer oder einem Cutter zu ganz feinen Bröseln mahlen. Bis zum Gebrauch luftdicht verschlossen aufbewahren.

Zum Anrichten:

Parfaits aus dem Gefrierfach nehmen, mit einer dünnen, gleichmäßigen Schicht Krokantbrösel bestreuen, Papiermanschette entfernen und servieren.

GESCHMORTE ANANAS MIT CHAMPAGNERGRANITÉ

ANANAS RÔTIS ET GRANITÉ DE CHAMPAGNE

Für 4 Personen

Granité:

(1 Tag im Voraus zubereiten)
1/2 unbehandelte Zitrone
150 g Zucker
1/2 l Champagner oder guter Sekt

Ananas:

2 Babyananas
40 g Butter
35 g brauner Zucker
2 cl Rum
100 ml Ananassaft
4 lange Holzspieße

Granité:
Zitrone heiß abwaschen, trocknen und die Schale fein abreiben. Zucker mit 1/4 l Wasser in einem Topf zum Kochen bringen. Zitronenabrieb dazugeben und noch kurz weiter köcheln lassen. Topf vom Herd nehmen und den Champagner unterrühren. Das Ganze abkühlen und in eine flache Schale gießen. Ins Gefrierfach stellen und über Nacht fest werden lassen.

Ananas:
Ananasse an beiden Enden gerade abschneiden, gleichmäßig schälen, „Augen" entfernen und vierteln. Den harten Strunk entfernen und in 1 - 1,5 cm dicke Stücke schneiden. Jeweils 6 Ananasstücke auf einen Holzspieß stecken (insgesamt 4 Spieße).

Zum Schmoren Butter in einer großen Pfanne schmelzen. Ananasspieße nicht zu dicht nebeneinander einlegen und mit Zucker bestreuen. Von allen Seiten in 5 - 6 Minuten langsam goldbraun braten bzw. karamellisieren. Mit Rum begießen, flambieren und den Ananassaft hinzufügen. Kurz noch im Saft schmoren lassen und die Spieße aus der Pfanne nehmen. Den Sud fast sirupartig reduzieren lassen.

Zum Anrichten:
Granité aus dem Gefrierfach nehmen und mit einer stabilen Gabel die Oberfläche nach und nach abkratzen, so dass feine Kristalle entstehen. Das Granité in gekühlte Schalen oder Gläser füllen.
Ananasspieße auf Dessertteller legen, die Holzspieße entfernen, die Ananasstücke mit der warmen Sauce überziehen und servieren. Das Granité separat dazu reichen.

TRADITIONELLER SAVARIN MIT RUM

SAVARIN TRADITIONNEL AU RHUM

Für 10 kleine Savarins

Savarin:
(mind. 2 Tage im Voraus zubereiten)
200 g Mehl (Type 405), gesiebt
7 g feines Meersalz
8 g frische Hefe
1 TL flüssiger Honig
70 g Butter, geschmolzen
5 Eier (Größe M)
weiche Butter zum Einfetten
10 beschichtete Savarinförmchen (im Fachhandel)

Sirup:
400 g Zucker
1 Vanillestange, halbiert
guter Rum zum Abschmecken

Fertigstellung:
guter Rum zum Beträufeln
300 g Sahne
30 g Zucker

Savarin:
Mehl, Salz, Hefe, Honig, Butter und 1 Ei in einer Küchenmaschine mit Knethaken auf höchster Stufe zu einem halbfesten, geschmeidigen Teig kneten. Langsam die restlichen Eier zum Teig geben und einarbeiten (3 - 4 Minuten). Den Teig insgesamt 20 - 25 Minuten kneten, bis er schön elastisch ist, seidig glänzt und sich vom Schüsselboden löst.

10 Savarinförmchen dünn mit Butter einfetten. Savarinteig in einen Spritzbeutel mit großer Lochtülle geben und die Förmchen bis max. zur Hälfte gleichmäßig mit dem Teig füllen (kann auch ersatzweise mit den Fingern eingefüllt werden). Teigende mit einem Messer abschneiden. Savarins mit etwas Abstand auf ein Backblech setzen und an einem warmen Platz 30 - 40 Minuten gehen lassen, bis der Teig sein Volumen verdoppelt bzw. den Förmchenrand erreicht hat.

Backofen auf 180°C vorheizen.

Savarins im vorgeheizten Backofen in ca. 20 Minuten goldbraun backen. Aus dem Ofen nehmen, kurz überkühlen lassen und noch heiß aus den Förmchen stürzen. Auf Kuchengittern abkühlen lassen. Die fertigen Savarins mind. 1 Tag, besser mehrere Tage, bei Raumtemperatur trocknen.

Sirup:
1 l Wasser mit Zucker und Vanille in einem Topf zum Kochen bringen, weiterköcheln lassen bis sich der Zucker aufgelöst hat und lauwarm abkühlen lassen. Nach Geschmack mit Rum aromatisieren.

Fertigstellung:
Sirup in eine flache Schale 2 cm hoch eingießen, Savarins darin pro Seite 5 Minuten ziehen lassen, bis der Teig sich gut mit Sirup vollgesogen hat (zur Probe: Eine kleine Messerspitze muss ganz leicht durch den Teig zu stechen sein). Evtl. noch mit einem Löffel begießen. Vorsichtig mit einer Palette aus dem Sirup nehmen und auf einem Gitter mit untergelegtem Blech abtropfen lassen.

Zum Anrichten Sahne halbsteif schlagen, Zucker einrieseln lassen, fertig steif schlagen und in einen Spritzbeutel mit großer Sterntülle füllen.

Savarins in tiefe Teller setzen, noch mit etwas Sirup und mit reichlich Rum beträufeln und den Hohlraum schön mit der Sahne garnieren.

SCHWARZ-WEISSE SCHOKOLADENMOUSSE

MOUSSE AU CHOCOLAT NOIR ET BLANC

Für 8 Personen

Schwarze Mousse:

150 g gute Bitterschokolade (70% Schokoladenanteil)
200 g Sahne
4 Eier (Größe M)
90 g Zucker

Weiße Mousse:

150 g gute weiße Schokolade
1 Blatt Gelatine
2 EL Yoghurt
200 g Sahne
4 Eiweiß (120 g)
10 g Zucker (1 EL)

Fertigstellung:

2 - 3 EL bestes Kakaopulver (ungesüßt)

Schwarze Mousse:

Schokolade fein hacken, in eine Schüssel füllen und im heißen Wasserbad schmelzen lassen. Eier trennen. Eigelb in einen Schlagkessel geben. 80 g Zucker mit 200 ml Wasser in einem kleinen Topf 2 Minuten köcheln lassen. Eigelb mit einem Schneebesen verrühren und den heißen Sirup in einem dünnen Strahl unter ständigem Schlagen dazugießen. Weiterschlagen bis die Masse weißschaumig ist und deutlich an Volumen gewonnen hat. Die aufgelöste Schokolade unterrühren. Schokoladenmasse handwarm abkühlen lassen. Sahne halbsteif schlagen. Eiweiß mit den restlichen 10 g Zucker zu einem cremigen, festen Schnee aufschlagen. Erst 1/3 des Eischnees unter die Schokolade rühren, dann vorsichtig das restliche Eiweiß und zum Schluss die Sahne in zwei Portionen unterheben. Bei Zimmertemperatur stehen lassen, bis die weiße Mousse fertig ist.

Weiße Mousse:

Schokolade fein hacken, in einen Schlagkessel geben und im heißen Wasserbad schmelzen. Gelatine in reichlich kaltem Wasser einweichen. Schokolade vom Wasserbad nehmen, Yoghurt unterrühren, Gelatine ausdrücken, in einem kleinen Topf in 2 EL heißer Sahne auflösen und unter die Schokolade rühren. Sahne halb steif schlagen. Eiweiß mit dem Zucker zu cremigem Schnee aufschlagen. Zuerst 1/3 des Eischnees unter die Schokolade ziehen, dann vorsichtig den Rest, und zum Schluss die Sahne auf zwei mal unterheben.

Fertigstellung:

Abwechselnd schwarze und weiße Schokoladenmousse in gekühlte Gläser oder Glasschälchen füllen (evtl. die Gläser zwischendurch in den Kühlschrank stellen, damit die einzelnen Mousseschichten fest werden und sich nicht miteinander vermischen). Mit einer weißen Mousseschicht abschließen und glattstreichen. Für mind. 2 Stunden kalt stellen und fest werden lassen. Zum Servieren mit einer dünnen Schicht Kakao bestäuben.

GEEISTER ERDBEER - VANILLE - VACHERIN
VACHERIN GLACÉ FRAISES-VANILLE

Für 8 - 10 Personen

Meringeböden:
4 Eiweiß (120 g)
120 g Zucker
120 g Puderzucker, gesiebt

Eis:
1 Rezept Vanilleeis (S. 175)
500 g aromatische Erdbeeren
100 g Zucker
Saft einer viertel Zitrone
Saft einer halben Orange
170 g Sahne

Fertigstellung:
Walderdbeeren oder kleine Erdbeeren als Garnitur
300 g Sahne
30 g Zucker
kandierte Veilchen als Garnitur (im Fachhandel)

Meringeböden:
Backofen auf 150°C vorheizen. 2 Backbleche mit Backpapier auslegen und darauf jeweils 2 große Kreise von 20 cm Durchmesser vorzeichnen. Eiweiß mit Hilfe einer Küchenmaschine halb steif schlagen. 20 g Zucker zugeben und zu festem Schnee aufschlagen. Restlichen Zucker und Puderzucker vermischen und nach und nach in den Eischnee unter Schlagen einrieseln lassen. Weiterschlagen, bis der Eischnee schön kompakt ist und glänzt. Meringemasse in einen Spritzbeutel mit großer Lochtülle einfüllen und auf die vorbereiteten Backbleche 3 - 4 Kreise von 1 cm Höhe gleichmäßig aufspritzen. In den Ofen schieben. Erst 25 Minuten bei 150°C backen, dann die Temperatur auf 120°C reduzieren und die Böden in weiteren 1 1/2 - 2 Stunden durchbacken bzw. trocken. Die Meringeböden sollen dabei schön hell bleiben. Abkühlen lassen.

Eis:
Vanilleeis in einer Eismaschine zu cremigem Eis rühren. In einem vorgekühlten Behälter bis zum Gebrauch im Tiefkühler aufbewahren.
Für das Erdbeereis Erdbeeren waschen, trocknen, putzen und zusammen mit dem Zucker, Orangen- und Zitronensaft glatt pürieren. Sahne dazugeben, durchmixen und mit Zucker abschmecken. In einer Eismaschine cremig frieren. Bis zum Gebrauch im Tiefkühler aufbewahren.

Fertigstellung:
Das Vanilleeis auf den ersten Meringeboden gleichmäßig, 2 cm hoch verteilen und möglichst glatt verstreichen. In den Tiefkühler stellen. Auf den zweiten Meringeboden das Ganze mit 2/3 des Erdbeereises wiederholen. Kurz im Tiefkühler fest werden lassen. Auf den dritten Meringeboden das restliche Erdbeereis dünn verteilen und möglichst glatt streichen. Erdbeeren verlesen. Sahne halb steif schlagen. Zucker dazugeben, fertig steif schlagen und in einen Spritzbeutel mit großer Sterntülle einfüllen.

Vacherin zusammensetzen: Dafür den ersten Meringeboden mit Erdbeereis auf den Meringeboden mit Vanilleeis setzen und den zweiten Meringeboden mit Erdbeereis als Abschluss darauf setzen. Die Ränder mit einer heißen Palette glatt verstreichen und die Sahne von unten nach oben rundherum dekorativ aufspritzen. Mit Erdbeeren und kandierten Veilchen garnieren und evtl. noch für einige Minuten in den Tiefkühler stellen. Zum Anschneiden ein großes, scharfes Messer in heißes Wasser tauchen und den Vacherin in 8 - 10 Portionen aufteilen.

MEINE MADELEINES

MES MADELEINES

Für ca. 40 - 50 Stück

Madeleines:
(1 Tag im Voraus zubereiten)
250 g Butter
250 g Puderzucker, gesiebt
8 - 9 Eiweiß (250 g)
100 g abgezogene,
fein gemahlene Mandeln
75 g Mehl, gesiebt

Fertigstellung:
beschichtete Madeleineformen
(im Fachhandel)
weiche Butter zum Einfetten

Madeleines:
Butter in einem kleinen Topf bei mittlerer Hitze so lange kochen lassen, bis sie eine goldbraune Farbe und einen nussartigen Geruch angenommen hat. Sofort vom Herd nehmen, den entstandenen Schaum etwas abschöpfen und die heiße Butter durch ein feines Sieb in eine kleine Schüssel gießen. Lauwarm abkühlen lassen.

Puderzucker zusammen mit dem Eiweiß glattrühren. Mandeln und Mehl vermischen und unter die Eiweiß-Zucker-Mischung rühren. Zum Schluss die Butter zugeben und gut vermischen. Den Teig über Nacht bedeckt im Kühlschrank ruhen lassen.

Fertigstellung:
Backofen auf 200°C vorheizen.

Madeleineformen dünn mit weicher Butter einfetten, jeweils einen knappen EL Teig in jede Form geben, so dass sie zu 2/3 voll gefüllt sind. Madeleines im vorgeheizten Backofen erst 3 Minuten bei 200°C backen, dann die Temperatur auf 180°C runterschalten und in 4 - 5 Minuten fertig und goldbraun backen. Kurz abkühlen lassen und aus den Formen lösen. Auf Kuchengittern abkühlen lassen.

Tipp:
Am besten schmecken die Madeleines am Tag der Herstellung. Deshalb immer nur soviel wie benötigt backen. Der Teig hält sich gut verschlossen bis zu einer Woche im Kühlschrank.

MANDELHIPPEN

TUILES AUX AMANDES

Für 40 - 50 Stück

Mandelhippen:
200 g Mandelblättchen
185 g Zucker
30 g Mehl, gesiebt
3 - 4 Eiweiß (110 g),
leicht verquirlt
40 g Butter, geschmolzen
Milch zum Befeuchten der Gabel

Fertigstellung:
Hippenform
(im Fachhandel)

Mandelhippen:
Mandelblättchen, Zucker und Mehl in einer Schüssel vermischen. Eiweiß zugeben, unterrühren und zum Schluss die Butter hinzufügen und alles gut vermengen. Den Teig bedeckt mind. 1 1/2 Stunden im Kühlschrank ruhen lassen.

Fertigstellung:
Backofen auf 180°C vorheizen.

Mit einem Löffel jeweils wahlnussgroße Teighäufchen mit genügend Abstand auf mit Backpapier ausgelegte Backbleche setzen. Die Häufchen mit einer Gabel zu 2 mm dünnen Talern plattdrücken. Die Gabel dafür immer wieder in Milch tauchen, damit der Teig nicht an ihr kleben bleibt (zusätzlich sorgt die Milch auch für einen schönen Glanz).

Die Hippen im vorgeheizten Backofen auf mittlerer Einschubleiste in 8 - 10 Minuten gerade hellbraun backen (jeweils immer nur ein Backblech in den Backofen schieben). Aus dem Ofen nehmen, kurz überkühlen lassen, noch heiß mit einer Palette vom Blech lösen und in eine Hippenform legen oder ersatzweise auf einem Nudelholz abkühlen lassen. Sobald sie erstarrt sind auf einem Kuchengitter vollkommen auskühlen lassen. Restliche Hippen genauso backen. Die fertigen Hippen halten sich luftdicht verschlossen bis zu 6 Tagen.

SCHWEINSÖHRCHEN

PALMIERS

Für 60 kleine Schweinsöhrchen oder 30 große Schweinsohren

Schweinsöhrchen:
200 g Blätterteig
(nur mit einer doppelten und einer einfachen „Tour“), am Vortag vorbereitet
(S. 174)
80 g Puderzucker

Schweinsöhrchen:
Den Blätterteig am Vortag vorbereiten und nur dreimal falten bzw. „touren“ (siehe S. 174).

Backofen auf 200°C vorheizen. Reichlich Puderzucker auf die Arbeitsplatte sieben. Blätterteig darauflegen, noch eine doppelte und eine einfache „Tour“, wie auf S. 174 beschrieben, falten und für 5 Minuten in den Tiefkühler legen.

Nochmals Puderzucker auf die Arbeitsplatte sieben und den Blätterteig 2-3 mm dünn zu einem Quadrat von 30 x 30 cm ausrollen. Das Quadrat einmal halbieren, so dass zwei Streifen entstehen. Die beiden Längsseiten von jedem Streifen so zusammenfalten, dass sich die beiden Schnittflächen in der Mitte des Steifens treffen. Noch mal aufeinander falten, damit man vier aufeinanderliegende Lagen hat. Die beiden Streifen nun für 5 Minuten im Tiefkühler fest werden lassen.

Aus dem Tiefkühler nehmen und in 0,5 cm dünne Scheiben schneiden. Die Scheiben flach, leicht versetzt voneinander, auf mit Backpapier ausgelegte Bleche legen und im vorgeheizten Backofen in 10 Minuten knusprig und goldbraun backen (am besten ein Blech nach dem anderen belegen und backen). Auf Kuchengittern abkühlen lassen. Die Schweinsöhrchen halten sich, luftdicht verschlossen, bis zu 8 Tagen.

Tipp:
Möchte man große Schweinsohren herstellen, lässt man das Anfangsquadrat ganz und faltet den Teig, wie für die kleinen beschrieben, weiter. Die Backzeit verlängert sich dann um 8 Minuten.

SÜSSER SPECK
GUIMAUVE

Für ca. 1 kg

Süßer Speck:
40 g Gelatine (20 Blatt à 2 g)
750 g Zucker
75 g Glukosesirup
4 Eiweiß (120 g)
5 cl Orangenblütenwasser
ein paar Tropfen
rote Lebensmittelfarbe (optional)
ca. 50 g Puderzucker
zum Bestäuben
ca. 50 g Stärke zum Bestäuben
Zuckerthermometer
(im Fachhandel)

Süßer Speck:
Gelatineblätter in reichlich kaltem Wasser einweichen. Zucker, Glukose und 165 ml Wasser zusammen in einem Topf zum Kochen bringen und auf 127°C erhitzen (Zuckerthermometer). Eiweiß in einer Küchenmaschine zu einem cremigen Eischnee aufschlagen. Nach und nach den heißen Sirup unter Schlagen bei mittlerer Geschwindigkeit auf das Eiweiß gießen. Das Ganze weiterschlagen bis die Masse elastisch und halbfest ist. Gelatine gut ausdrücken und zusammen mit dem Orangenblütenwasser im heißen Wasserbad schmelzen. Gelatine zuerst mit einer kleinen Menge warmer Meringe vermischen, dann vorsichtig unter den Rest heben. Zum Schluss ein paar Tropfen Lebensmittelfarbe in die Meringemasse geben (vorsichtig dosieren!).

Puderzucker und Stärke miteinander mischen und ein tiefes mit Backpapier ausgelegtes Backblech dünn damit bestäuben. Die Masse auf das vorbereitete Backblech gießen und mit einer großen Palette oder Teigschaber (evtl. mit Wasser befeuchten) gleichmäßig etwa 2 cm hoch verteilen und glattstreichen. Eine dünne Schicht Puderzucker-Stärke-Mischung darüber sieben.

Zum Anrichten:
Die kalte Masse mit einem kleinen Messer vom Backblechrand lösen, auf ein mit der Puderzuckermischung bestäubtes Brett oder eine Arbeitsplatte stürzen, Backpapier abziehen, und die Masse mit einem Messer erst in 1-2 cm dicke Streifen, dann in Rauten schneiden. Nochmals bestäuben, damit die Stücke nicht so sehr aneinander kleben. Der Süße Speck hält sich luftdicht verschlossen bis zu 2 Wochen.

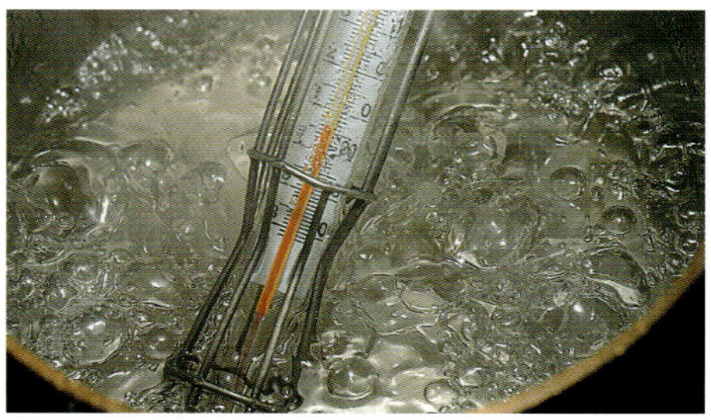

WEISSER NOUGAT MIT MANDELN UND PISTAZIEN

NOUGAT AUX AMANDES ET PISTACHES

Für ca. 1,3 kg (130 Stück)

Nougat:
375 g ganze Mandeln mit Haut
250 g ganze Pistazienkerne, abgezogen
125 g kandierte Orangenschale
190 g Glukosesirup
375 g Zucker
250 g Lavendelhonig
2 Eiweiß (60 g)
Zuckerthermometer (im Fachhandel)

Nougat:
Backofen auf 140°C vorheizen.

Orangenschale in kleine Würfel schneiden. Pistazien, Orangenschale und Mandeln auf einem mit Backpapier ausgelegtem Blech im vorgeheizten Backofen hellbraun backen und warm halten bis die Eiweißmasse fertig ist (ca. 15 - 20 Minuten).

Zucker, Glukose und 125 ml Wasser zusammen in einem Topf auf 150°C erhitzen (Zuckerthermometer). Den Honig separat in einem Topf auf 135°C erhitzen. In der Zwischenzeit Eiweiß mit einer Küchenmaschine zu cremigem, nicht zu festen Schnee aufschlagen. Bei mittlerer Geschwindigkeit erst langsam den Honig auf das Eiweiß gießen, dann die Zucker - Glukose - Mischung in einem dünnen Strahl hinzufügen.
Bei niedriger Geschwindigkeit gute 5 Minuten weiterschlagen bis eine homogene, glänzende Baisermasse entstanden ist. Mandeln, Pistazien und Orangenschale dazugeben und mit dem Blattaufsatz der Küchenmaschine gleichmäßig unter die Masse rühren. Die warme Mischung auf ein mit Backpapier ausgelegtes tiefes Blech geben und mit einer mit Wasser befeuchteten Palette 2 cm hoch verstreichen. Vollkommen auskühlen und für eine Nacht bedeckt im Kühlschrank ruhen lassen.

Zum Anrichten:
Am nächsten Tag mit einem stabilen Brotmesser den Nougat erst in knapp 1 cm dicke Steifen, dann in kleine Stücke von 1 - 2 cm Dicke scheiden.

Tipp:
Die ungeschnittene Masse hält sich in Frischhaltefolie eingewickelt mehrere Wochen im Kühlschrank.

WEICHE KARAMELLBONBONS

CARAMELS MOUS

Für ca. 250 Stück (1,2 kg)

Karamellbonbons:
500 g Sahne
2 Vanillestangen, halbiert
350 g Glukosesirup
(einen Konditor oder im Restaurant darum bitten)
380 g Zucker
ein paar Tropfen Zitronensaft
30 g gesalzene Butter
ersatzweise ungesalzene Butter und eine gute Prise Salz
Zuckerthermometer
(im Fachhandel)

Karamellbonbons:
Sahne in einem kleinen Topf erhitzen. Mit einem kleinen Messer das Mark aus den Vanillestangen kratzen. Schoten und Mark in die Sahne geben, einmal aufkochen lassen, vom Herd nehmen und ziehen lassen (kurz vorm Gebrauch die Vanilleschote entfernen).

Glukose mit dem Zucker und ein paar Tropfen Zitronensaft in einem breiteren Topf bei mittlerer Hitze zum Kochen bringen, langsam haselnussbraun karamellisieren lassen, dabei ein- bis zweimal umrühren. Sobald die Farbe erreicht ist, den Topf vom Herd nehmen, Butter mit einem Holzlöffel einrühren und vorsichtig die heiße Sahne durch ein feines Sieb unter ständigem Rühren auf den Karamell gießen (Achtung Spritzgefahr!). Den Topf wieder auf den Herd stellen und das Ganze auf 116°C erhitzen (Zuckerthermometer).

Die zähflüssige Masse auf ein großes mit Backpapier ausgelegtes Blech gießen und mit einer leicht geölten Palette knapp 1 cm hoch glattstreichen. Auskühlen lassen und mit einem großen, stabilen Messer in 2,5 cm große Vierecke schneiden.

Tipp:
Für eine schöne Präsentation die Karamellbonbons einzeln in Zellophan einwickeln und so servieren oder verschenken. Die Bonbons halten sich luftdicht verschlossen eine gute Woche an einem kühlen Ort.

BRIOCHE
BRIOCHE

Für 2 große Brioches

Brioches:
500 g Mehl (Type 405)
20 g frische Hefe
10 g Salz
60 g Zucker
6 Eier (Größe M)
50 g Wasser
250 g Butter
weiche Butter zum Einfetten
1 Ei
1 Eigelb

Brioche:
Mehl in eine große Schüssel sieben, Hefe zerbröckeln und dazugeben, Salz und Zucker getrennt hinzufügen. Eier mit Wasser mischen, leicht verquirlen und zu den trockenen Zutaten geben. Das Ganze in einer Küchenmaschine mit Knetaufsatz bei mittlerer Geschwindigkeit in 10 - 12 Minuten zu einem festen, geschmeidigen Teig kneten.

In der Zwischenzeit Butter mit einem Nudelholz zwischen zwei Lagen Pergamentpapier weich klopfen. Den Teig solange kneten lassen, bis er sich vom Schüsselboden löst. Erst dann die Butter in kleinen Stückchen nach und nach zum Teig geben und rasch einarbeiten (evtl. jetzt statt dem Knethaken mit dem Blattaufsatz arbeiten), bis der Teig schön elastisch ist und richtig glänzt. Den Teig mit Frischhaltefolie abdecken und im Kühlschrank über Nacht gehen lassen.

Am nächsten Tag den Teig aus dem Kühlschrank nehmen, zusammenschlagen, in zwei teilen, zu Rollen von 25 cm Länge formen und in 2 eingefettete Kastenformen setzen. Mit einem Küchentuch abdecken und zuggeschützt bei Zimmertemperatur 2 - 3 Stunden gehen lassen, bis sich das Volumen verdoppelt hat.

Fertigstellung:
Backofen auf 200°C vorheizen. Ei mit Eigelb verquirlen. Die gegangenen Brioches mit Ei einstreichen und im vorgeheizten Backofen erst 20 Minuten bei 200°C backen, dann den Backofen auf 180°C herunterschalten und in weiteren 20 Minuten fertig und goldbraun backen. Aus dem Ofen nehmen und auf einem Kuchengitter vollkommen abkühlen lassen. Brioche hält sich gut verpackt bis zu 5 Tagen, kann aber auch bis zu 2 Monaten eingefroren werden.

GRUNDREZEPTE
RECETTES DE BASE

MAYONNAISE

Für ca. 300 g

Zutaten:
(alle Zutaten sollten Zimmertemperatur haben)
2 Eigelb
1/2 TL scharfer Senf
feines Meersalz
250 - 300 ml neutrales Öl
ein paar Tropfen Zitronensaft
Cayennepfeffer

Zubereitung:
Eigelb mit Senf und einer Prise Salz verrühren und 1 Minute stehen lassen. Öl in einem dünnen Strahl erst langsam, dann zügiger - unter ständigem Rühren mit einem Schneebesen - dazugießen und kräftig unterschlagen, bis eine feste, aber cremige Mayonnaise entstanden ist. Falls die Mayonnaise zu fest wird, einfach ein paar Tropfen Zitronensaft dazugeben. Mit Salz, Zitrone und Cayenne abschmecken.

Mayonnaise im Kühlschrank aufbewahren und innerhalb von 2 Tagen verzehren (rohes Eigelb!).

ELEGANTE VINAIGRETTE
VINAIGRETTE ÉLÉGANTE

Für ca. 250 ml

Zutaten:
1 kleine Schalotte
6 EL Portwein
3 EL Sherryessig
2 EL Balsamicoessig
feines Meersalz
Pfeffer aus der Mühle
150 ml neutrales Öl
2 EL gutes Haselnussöl
und / oder
3 EL Trüffeljus
(in Feinkostläden erhältlich)

Zubereitung:
Schalotte schälen, halbieren und möglichst klein würfeln. Portwein in einem kleinen Topf auf 2 EL reduzieren. Sherryessig, Balsamicoessig und eine Prise Salz in einer Schüssel mischen. Schalotten und Portwein dazugeben und das Öl in einem dünnen Strahl unter Rühren dazugießen.
Mit Salz und Pfeffer abschmecken und mit Haselnussöl und / oder Trüffeljus aromatisieren.

GEKLÄRTE BUTTER
BEURRE CLARIFIÉ

Zutaten:
250 g Butter

Zubereitung:
Butter in einem kleinen Topf bei milder Hitze flüssig werden lassen. Den sich auf der Oberfläche bildenden weißen Schaum mit einem Löffel abschöpfen.
Das Butterfett anschließend vorsichtig durch ein mit Küchenpapier ausgelegtes Sieb gießen, so dass der milchige Bodensatz im Topf bleibt. Die so entstandene geklärte Butter sollte eine klare goldene Farbe haben.

Anmerkung:
Geklärte Butter ist höher erhitzbar und länger haltbar als ungeklärte Butter, weil sie keine Eiweißbestandteile mehr enthält. Geklärte Butter kann man gut im Voraus und in größerer Menge vorbereiten, sie hält sich luftdicht verschlossen mehrere Wochen im Kühlschrank.

PETERSILIENÖL
HUILE AU PERSIL

Zutaten:
1 Bund glatte Petersilie (ca. 70 g)
Meersalz
80 - 100 ml Olivenöl
feines Meersalz

Zubereitung:
Petersilienblätter von den Stängeln zupfen, waschen, in kochendem Salzwasser einige Sekunden blanchieren, in eiskaltem Wasser abschrecken und abtropfen lassen. Gut mit den Händen ausdrücken, zwischen zwei Lagen Küchenpapier trocknen und zusammen mit dem Olivenöl in einem Mixer glatt pürieren. Evtl. noch durch ein feines Sieb passieren und erst kurz vorm Gebrauch salzen.

REDUKTION VON BALSAMICOESSIG
RÉDUCTION DE VINAIGRE BALSAMIQUE

Zutaten:
1/4 l guter Balsamicoessig

Zubereitung:
Balsamicoessig in einem kleinen Topf bei mittlerer Hitze fast sirupartig einkochen lassen. Abkühlen lassen und in eine Spritzflasche oder einen kleinen Behälter füllen. Balsamicoreduktion hält sich verschlossen mehrere Wochen.

Mit dem reduzierten Balsamico kann man schöne Dekorationen auf Teller „zeichnen" oder Saucen abschmecken.

Anmerkung:
Auf die gleiche Weise lassen sich auch andere Reduktionen wie z.B. mit Portwein herstellen.

FRITTIERTE PETERSILIENBLÄTTER
FEUILLES DE PERSIL FRITES

Zutaten:
Öl zum Frittieren
schöne Petersilienblätter
feines Meersalz

Zubereitung:
Reichlich Öl in einer Fritteuse (ersatzweise eine hohe Pfanne) auf 160 - 170°C erhitzen.

Die gewünschte Menge Petersilienblätter waschen, sorgfältig trocknen, zwischen zwei Lagen Küchenpapier plätten und im heißen Fett etwa 20 - 30 Sekunden frittieren (Achtung Spritzgefahr!). Die Blätter sollten dann schön kross aber noch grün sein. Mit einer Schaumkelle rasch aus dem Öl heben und auf einem Küchenpapier abtropfen lassen. Vorm Servieren evtl. leicht salzen.

Tipp:
Auf die gleiche Weise lassen sich auch andere Blätter wie Basilikum, zarte Spinat- oder Sellerieblätter frittieren.

KRABBENJUS

JUS DE CREVETTE

Für ca. 250 ml

Zutaten :

1 Zwiebel
2 Stangen Staudensellerie
350 g frische Nordseekrabben in der Schale

Zubereitung :

Zwiebel schälen, halbieren und fein würfeln. Staudensellerie putzen und in feine Streifen schneiden. Krabben (nicht abwaschen!), Zwiebel und Sellerie in einen Topf geben und mit etwa 1/2 l kaltem Wasser aufgießen, so dass alles gerade bedeckt ist. Das Ganze bei milder Hitze 20 Minuten köcheln lassen. Vom Herd nehmen noch weitere 5 Minuten ziehen lassen. Durch ein feines Sieb passieren und je nach Geschmacksintensität eventuell noch etwas einkochen lassen. Abkühlen lassen. Der Krabbenjus ist nun fertig zum Gebrauch.

FISCHFOND

FUMET DE POISSON

Für ca. 1 l

Zutaten :

1 kg Fischkarkassen von mageren Weißfischen (am besten Steinbutt und Seezunge)
2 mittelgroße Zwiebeln oder 4 Schalotten
2 Stangen Staudensellerie
2 Lauchstangen (nur der weiße Teil)
1/2 Fenchelknolle
50 g Butter
1/4 l trockener Weißwein
ca. 1 1/2 l kalter Geflügelfond (S. 172), ersatzweise Wasser
1 Zweig Thymian
5 weiße Pfefferkörner
Passiertuch (Mulltuch)

Zubereitung:

Von den Fischkarkassen die Kiemen aus den Fischköpfen entfernen, die Karkassen grob zerkleinern und in eine Schüssel geben. Die Schüssel unter fließendes Wasser stellen und die Karkassen gründlich abspülen, bis das Wasser klar bleibt. Abtropfen lassen.

Zwiebel schälen, halbieren und fein würfeln. Sellerie, Lauch und Fenchel putzen, waschen, und in feine Streifen schneiden. Karkassen in einem großen Topf bei milder Hitze in der Butter langsam unter Rühren 4 - 5 Minuten ohne Farbe anschwitzen lassen. Gemüse dazugeben und noch einige Minuten weiterschwitzen lassen. Mit Weißwein ablöschen, etwas reduzieren lassen und soviel Geflügelfond oder Wasser dazugießen, bis die Karkassen gerade bedeckt sind. Thymian und Pfeffer einlegen. Das Ganze bei milder Hitze ca. 15 Minuten köcheln lassen. Dabei auftretenden Schaum mit einem Löffel oder einer Schaumkelle sorgfältig abschöpfen, damit der Fond schön klar wird.

Ein Spitzsieb in einen entsprechend großen Topf oder eine Schüssel hängen, mit einem Passiertuch auslegen und den Fond dadurch in den Topf bzw. in die Schüssel schöpfen. Gut ablaufen lassen, aber nicht ausdrücken, da der Fond sonst wieder trüb wird.

Am besten über Nacht im Kühlschrank abkühlen lassen. Am nächsten Tag das an der Oberfläche erkaltete Fett entfernen.

Fischfond hält sich gut abgedeckt mehrere Tage im Kühlschrank. Ansonsten kann Fischfond auch auf Vorrat gekocht werden und - am besten in kleinen Portionen abgefüllt - bis zu 3 Monaten eingefroren werden.

HUMMERSUD
COURT - BOUILLON POUR HOMARD

Für 6 l

Zutaten:
1 unbehandelte Orange
60 g grobes Meersalz
20 g Fenchelkörner

Zubereitung:
Orange mit einem Gemüseschäler dünn schälen. Die Schale einige Sekunden in kochendem Wasser blanchieren und wieder herausnehmen. 6 l Wasser mit dem Salz, Fenchel und den blanchierten Orangenschalen zum Kochen bringen und die Hummer - je nach Rezept - nacheinander im siedenden Sud garen.

GEFLÜGELFOND
FOND DE VOLAILLE

Für ca. 1 1/2 l

Zutaten:
1,5 kg Geflügelkarkassen, (mit Hals-, Flügel- und Schenkelabschnitten, ohne Innereien)
Meersalz
2 Zwiebeln
1 Karotte
200 g Knollensellerie
1 Stange Lauch (nur der weiße Teil)
1 Tomate
1 TL weiße Pfefferkörner
5 Petersilienstängel
1 Zweig Thymian
1 Lorbeerblatt
Passiertuch (Mulltuch)

Zubereitung:
Karkassen grob zerkleinern (am besten mit dem Hackbeil), abwaschen, abgießen und in einen großen Topf geben. Mit ca. 2 - 2 1/2 l kaltem Wasser aufgießen. Das Wasser sollte 2 bis 3 cm über den Karkassen stehen. Mit einer guten Prise Salz würzen und zum Kochen bringen. Den dabei entstehenden Schaum mit einem Löffel oder einer Schaumkelle sorgfältig abschöpfen. Sobald das Wasser kocht, die Hitze reduzieren.

In der Zwischenzeit Zwiebeln, Karotte und Sellerie schälen und in 1 - 2 cm große Stücke schneiden. Lauch halbieren, waschen, trockenschütteln und in 1 cm breite Streifen schneiden. Tomate waschen, halbieren und grob würfeln. Gemüse, Pfefferkörner, Petersilienstängel, Thymian und Lorbeer mit in den Fond geben. Das Ganze bei milder Hitze 2 - 3 Stunden sanft köcheln lassen. Zwischendurch immer wieder abschäumen, damit der Fond klar bleibt.

Den fertigen Geflügelfond durch ein mit einem Passiertuch ausgelegtes Spitzsieb abgießen und am besten über Nacht im Kühlschrank abkühlen lassen.

Am nächsten Tag das überschüssige Fett vom Fond abnehmen.

Der Fond lässt sich gut portionsweise einfrieren oder er hält sich bedeckt bis zu 3 Tagen im Kühlschrank.

KALBSFOND
FOND DE VEAU

Für ca. 1 l

Zutaten:
2 Zwiebeln
1 Karotte
150 - 200 g Knollensellerie
1/2 Stange Lauch
(nur der weiße Teil)
1,5 kg Kalbsknochen
40 g Butter
1 TL Tomatenmark
1/4 l halbtrockener Weißwein
2 l Geflügelfond (S. 172),
ersatzweise Wasser
1 Zweig Thymian
1 Lorbeerblatt

Zubereitung:
Zwiebeln, Karotte und Sellerie schälen und in 2 cm große Stücke schneiden. Lauch waschen, trockenschütteln und in 2 cm breite Streifen schneiden.

Knochen in 3 cm große Stücke hacken (am besten vom Metzger) und in einem breiten Topf mit der Butter bei mittlerer Hitze von allen Seiten langsam dunkelbraun anbraten bzw. karamellisieren. Gemüse dazugeben und 3 - 4 Minuten mitbraten. Tomatenmark hinzufügen und kurz anrösten. Mit Weißwein ablöschen und sirupartig einreduzieren lassen. Mit Geflügelbrühe aufgießen, so dass die Knochen gut bedeckt sind. Thymian und Lorbeer einlegen und das Ganze bei milder Hitze 3 - 4 Stunden sanft köcheln lassen. Evtl. noch etwas Geflügelfond nachgießen, falls zuviel Flüssigkeit verdampft ist.

Den fertigen Fond durch ein feines Sieb (Haarsieb) passieren und am besten über Nacht im Kühlschrank abkühlen lassen. Am nächsten Tag das erkaltete Fett sorgfältig entfernen. Der Fond hält sich bedeckt bis zu 3 Tagen im Kühlschrank, kann aber auch sehr gut portionsweise eingefroren oder zu einer Glace (Gelee) eingekocht werden.

LAMMFOND
FOND D'AGNEAU

Für ca. 1 l

Zutaten:
2 Zwiebeln · 1 Karotte
150 g Knollensellerie
1 Stange Lauch
(nur der weiße Teil)
1,5 kg Lammknochen und
Lammabschnitte
(Sehnen, Bauchlappen, Nerven)
3 EL Olivenöl
1 TL Tomatenmark
3 Knoblauchzehen in der Schale
1 Zweig Thymian · 1 Lorbeerblatt
10 Petersilienstängel
1 TL schwarze Pfefferkörner
Passiertuch (Mulltuch)

Zubereitung:
Zwiebeln, Karotte und Sellerie schälen und in 2 cm grobe Stücke schneiden. Lauch halbieren, waschen, trockenschütteln und in 2 cm breite Scheiben schneiden. Knochen fein hacken (am besten vom Metzger) und zusammen mit den Lammabschnitten in einem breiten Topf im Olivenöl bei mittlerer Hitze langsam von allen Seiten dunkelbraun anbraten bzw. karamellisieren. Gemüse dazugeben und 3 - 4 Minuten mitbraten. Tomatenmark unterrühren, kurz anrösten und mit soviel Wasser aufgießen, dass die Knochen gut bedeckt sind. Knoblauch, Thymian, Lorbeer, Petersilienstängel und Pfeffer dazugeben und zum Kochen bringen. Das Ganze bei milder Hitze 3 - 4 Stunden sanft köcheln lassen. Gegebenenfalls noch etwas Wasser dazugießen, falls zuviel Flüssigkeit verdampft ist.

Den fertigen Fond durch ein mit einem Passiertuch ausgelegtes Spitzsieb abgießen und am besten über Nacht im Kühlschrank abkühlen lassen. Am nächsten Tag den Fond sorgfältig entfetten. Der Fond hält sich bedeckt bis zu 3 Tagen im Kühlschrank, kann aber auch sehr gut portionsweise eingefroren werden.

BLÄTTERTEIG

PÂTE FEUILLETÉE

Für ca. 1,2 kg

Zutaten:

525 g Mehl
14 g feines Meersalz
500 g Butter, Zimmertemperatur
Mehl zum Ausrollen

Zubereitung:

Für den Teig 350 g Mehl auf eine Arbeitsfläche sieben und in die Mitte eine Mulde drücken. 175 ml Wasser, Salz und 100 g weiche Butter in kleinen Stückchen hineingeben und nach und nach alle Zutaten miteinander vermischen. Den Teig gut durchkneten bis er ganz glatt, aber nicht zu fest ist (evtl. noch ein paar Tropfen Wasser zugeben). Eine Kugel formen und kreuzweise einschneiden, um dem Teig die Spannung zu nehmen. Gut in Frischhaltefolie einwickeln und für mindestens 2 Stunden in den Kühlschrank stellen.

Restliche 400 g Butter und 175 g Mehl rasch vermischen, ohne sie zu sehr zu bearbeiten und zu einem 20 x 20 cm großen, knapp 1 cm hohen Viereck formen. In Frischhaltefolie wickeln und ebenfalls mind. 2 Stunden kalt stellen.

Zur Herstellung des Blätterteiges die Teigkugel auf einer bemehlten Arbeitsfläche zu einem Rechteck von 65 cm Länge x 25 cm Breite ausrollen. Butter-Mehlmischung mit einem Nudelholz leicht weich klopfen und auf die Mitte des Rechtecks legen. Die beiden überstehenden Rechteckseiten nacheinander über der Butter zusammenschlagen. Das entstandene Rechteck um 90° drehen, so dass die Seitennaht rechts vor einem liegt. Nun den Teig behutsam vom Körper weg wieder zu einem Rechteck von 65 cm Länge x 25 cm Breite ausrollen. Für 1/2 Stunde im Kühlschrank ruhen lassen. Für die erste doppelte „Tour" (doppelter Faltvorgang) die Seitenenden so zusammenfalten, dass sich die Seitenränder in der Mitte treffen. So aufeinander klappen, dass vier Schichten aufeinander liegen. In Frischhaltefolie wickeln und 1/2 Stunde kühl ruhen lassen.

Aus dem Kühlschrank nehmen, so vor sich legen, dass die offene Seite rechts vor einem liegt, wieder vorsichtig zu einem Rechteck von 65 cm Länge x 25 cm Breite ausrollen. Als nächstes eine einfache „Tour" (einfacher Faltvorgang) geben, d. h. die beiden Enden so zusammenfalten, dass drei Lagen entstehen. Wieder eine 1/2 Stunde ruhen lassen. Erneut ausrollen und nochmals eine doppelte „Tour" - wie oben beschrieben - geben. 1/2 Stunde ruhen lassen und als letztes noch mal einfach „touren" (falten). Erneut ruhen lassen und zum Rechteck ausrollen. Der Blätterteig ist nun fertig zum Gebrauch.

NUDELTEIG
PÂTE À NOUILLES

Für ca. 700 g

Zutaten:
500 g fein gemahlener Hartweizengrieß („Semola di grando duro“, in italienischen Feinkostläden erhältlich)
4 - 5 Eier (je nach Größe)
Mehl zum Ausrollen

Zubereitung:
Hartweizengrieß und 4 Eier in einer Küchenmaschine mit Knetaufsatz zu einem relativ harten Teig verarbeiten. Falls der Teig viel zu trocken ist noch ein Eigelb, evtl. auch das ganze Ei, zugeben. Zu einer Kugel formen, in Frischhaltefolie wickeln und mind. 1 Stunde, am besten über Nacht, im Kühlschrank ruhen lassen.

Zur Fertigstellung Teig in Portionen teilen, auf einer leicht bemehlten Arbeitsfläche etwas flach rollen und anschließend mit Hilfe einer Nudelmaschine zu dünnen Teigbahnen ausrollen. Je nach Verwendungszweck in Teigplatten oder mit dem entsprechenden Aufsatz in Spaghetti oder Tagliatelle schneiden. Fertige Nudeln leicht mit Mehl bestäuben, damit sie nicht aneinander kleben und auf ein bemehltes Tablett oder Blech legen. Entweder sofort in reichlich kochendem Salzwasser gar kochen oder für einen späteren Gebrauch - mit Frischhaltefolie bedeckt - im Kühlschrank bis zu 2 Tagen oder im Tiefkühler bis zu einem Monat aufbewahren.

VANILLEEIS
GLACE VANILLE

Für ca. 800 ml

Zutaten:
2 Vanillestangen, halbiert
1/2 l Milch
6 Eigelb
125 g Zucker
100 g Sahne

Zubereitung:
Vanillestangen mit einem kleinen Messer auskratzen. Milch zusammen mit Vanillestangen und - mark und der Hälfte des Zuckers in einem Topf zum Kochen bringen. Den Topf vom Herd nehmen und 10 Minuten bedeckt ziehen lassen.

Eigelb mit dem restlichen Zucker schaumig aufschlagen, die heiße Milch unter Rühren dazugeben, gut vermischen und in einen Topf füllen. Das Ganze bei milder Hitze auf 85°C erhitzen, dabei mit einem Schneebesen oder Holzlöffel gut umrühren. Sobald die Eigelbmasse anfängt dicker zu werden bzw. anfängt zu binden, den Topf vom Herd nehmen und sofort die kalte Sahne hinzufügen und vermischen. Rasch in eine Schüssel gießen, diese auf Eis stellen und die Eismasse so schnell abkühlen lassen. Gelegentlich umrühren. Durch ein feines Sieb gießen und in einer Eismaschine zu cremigem Eis frieren.

In einen vorgekühlten Behälter füllen und bis zum Gebrauch bzw. Verzehr in den Tiefkühler stellen (das Eis am besten immer erst 1 - 2 Stunden im Voraus frieren, damit es schön cremig bleibt).

REZEPTREGISTER

ISBN 2-9599-854-1-9

Herausgeberin: Lea Linster
Redaktion: Simone van de Voort
Texte und Rezeptbearbeitung: Simone van de Voort
Rezeptberatung: Hàkon Màr Örvarsson, Dominique Simonnet,
Thierry Ouvrard
Schwarz - Weiß - Fotos: Susie Knoll
Food - Fotos: Guy Hoffmann
Art Direktion: Paul Zentner
Druck: saint - paul luxembourg